# 普拉多博物馆

红糖美学 著

世界博物馆全书 第一辑

U0922824

華中科技大學出版社
http://press.hust.edu.cn
中国·武汉

有书至美
BOOK & BEAUTY

Rembrant
f. 1634

# 前言 Preface

世界博物馆全书系列，是我们对艺术与历史的深刻致敬。我们邀请您开启一段跨越时空的探索之旅，一起深入了解和欣赏世界级博物馆的珍藏。这一系列的创作源自我们对人类智慧和美学的敬畏：我们希望通过呈现各地博物馆中的文物精品，启发读者探索不同文明的交融与发展。博物馆，作为历史的见证，不仅守护着人类过去的辉煌，更是启迪未来的灯塔。

每一座博物馆都是一个独立且丰富的“文化宇宙”。它们不只是静默的艺术品和历史进程的展示空间，更是人类历史长河中不断探索、理解和创造文明的见证。这些知识的殿堂，作为文化传承与对话的桥梁，使我们得以与远古的智者沟通，感受历史的脉动。

普拉多博物馆坐落于西班牙首都马德里的心脏地带，自1819年开馆以来，便成为艺术与文化的灯塔，吸引着来自世界各地的游客和学者。作为世界上最重要的艺术博物馆之一，普拉多博物馆拥有数万件珍贵藏品，其中包括油画、雕塑、版画和素描等，展现了从中世纪到19世纪早期的欧洲艺术精华。

本书旨在通过普拉多博物馆丰富多彩的馆藏，为读者呈现一段跨越时间与空间的艺术之旅。从戈雅寓意深刻的作品，到博斯的幻想世界，每一件藏品都是对人性、历史和美的独到见解。

我们诚挚地邀请您通过这本书，开始一场穿越时空的艺术之旅。让我们一同探索这些经久不衰的艺术珍品，揭开它们背后的故事，感受艺术与历史的交融。这不仅是一次关于普拉多博物馆的探索，更是一次心灵的旅行，带您领略人类创造力和美的极致。

目录 Contents

Georges
23 febrero

# MUSEUM OVERVIEW
# 博物馆概况

普拉多博物馆是西班牙最著名的艺术博物馆之一，同时也是西方美术作品的重要收藏地。在数百年的历史中，它始终秉持着保存、展示艺术史中瑰宝的崇高使命，丰富人类共同的文化遗产。

## 位置与规模

普拉多博物馆位于西班牙首都马德里的普拉多大道。最初名为“皇家绘画和雕塑博物馆”，由国王费尔南多七世下令在圣赫罗尼莫教堂前的草坪上建造。“普拉多”（Prado）在西班牙语中意为“开阔的草坪”，普拉多博物馆的名字正是由此而来。它与马德里的其他两个重要艺术机构——索菲娅王后国家艺术中心博物馆以及提森-博内米萨博物馆共同构成了马德里的“艺术三角区”。

随着馆藏数量的增加，普拉多博物馆多次进行扩建，将附近街区的建筑并入作为分馆。2002年，建筑师拉斐尔·莫内奥开始主导新一轮普拉多博物馆的扩建工程，目前普拉多博物馆已经成了一个建筑群，由维拉纽瓦大楼、丽池宫等共同组成。

博物馆的主体建筑维拉纽瓦大楼为欧洲新古典主义风格建筑，展现了建筑师对于简洁、对称的追求，门前坐落着17世纪西班牙著名的艺术大师委拉斯开兹的青铜雕像。建筑内部的主要展厅是由爱奥尼亚式圆柱支撑的圆形大厅，其穹顶的设计受到罗马万神殿的启发。

## 发展历程

普拉多博物馆于1785年立项，但因为战争等因素一度被中断、搁置，历经波折，终于1819年11月19日正式向公众开放，迄今已有200余年的历史。

### 立项与建成

普拉多博物馆的主体建筑由建筑师胡安·德·维拉纽瓦于1785年在西班牙国王卡洛斯三世的指派下所设计，他将整个建筑设计成新古典主义的风格。最初规划是作为自然科学博物馆使用。但由于卡洛斯三世的去世，以及西班牙革命的爆发，这一建筑工程被长期搁置，直到1811年才再度动工兴建，最终于1818年建成，并改为皇室艺术收藏的陈列室。

### 首次向公众开放

1819年，在西班牙国王费尔南多七世的命令之下，博物馆首次向公众开放。当时馆内收藏有1500余件作品，但只有其中的一小部分在建筑物的前三个设备齐全的展厅内展出。

### 收归国有与持续扩建

1868年，伊莎贝拉二世流亡法国，博物馆收归国有，并改名为“普拉多博物馆”。1872年，原来的特立尼达博物馆也并入普拉多博物馆。19世纪和20世纪，普拉多博物馆的藏品和参观人数都大幅增加，博物馆开始了扩建工程，如今普拉多博物馆已经成为西班牙重要的文化活动中心。

## 藏品概况

与欧洲大多数博物馆一样，普拉多博物馆的艺术品收藏也始于皇室，因此普拉多博物馆的收藏和国王的艺术品位密切相关。目前博物馆一共收藏有约8200幅素描、7600幅油画、4800幅版画、1000座雕塑，以及大量历史文献资料。

### 皇室藏品

1819年开放之后，西班牙王室的藏品逐渐移入馆内，它们是普拉多博物馆内最具代表性的珍品。其中包括博斯的《人间乐园》、埃尔·格列柯的《以手扪胸的骑士》、拉斐尔的《圣家族》(又名《珍珠》)、提香的《查理五世在慕尔堡》、丢勒的《自画像》、委拉斯开兹的《宫娥》、鲁本斯的《美惠三女神》、戈雅的《查理四世一家》等。

### 他馆并入

除了皇室收藏，普拉多博物馆的藏品还包括了源自特立尼达博物馆的收藏。例如扬·凡·艾克和埃尔·格列柯等艺术家的作品。除此之外，1971年现代艺术博物馆馆藏的众多19世纪的重要藏品也移入到普拉多博物馆，其中包括卡洛斯·德·海斯、罗萨莱斯·加利纳斯和索罗拉等众多艺术家的作品。

## 新近馆藏

自博物馆成立以来，已有数不胜数的绘画作品、雕塑和装饰艺术品作为新藏品进入博物馆，得益于19世纪埃米尔·德兰格男爵的捐赠，戈雅的“黑画”系列得以进入普拉多博物馆。博物馆还收购了埃尔·格列柯的《寓言》（1993年购入）和《逃亡埃及》（2001年购入）、戈雅的《钦琼伯爵大人》（2000年购入）、委拉斯开兹的《费迪南多·布兰达尼肖像》（2003年购入）等。

# 展览设置

作为西班牙最大的博物馆，这里收藏了数万件的艺术作品，其中又以15世纪至18世纪的绘画作品最为突出。主馆陈列着约1800件作品，并根据展览主题定期更换展品。其常设展厅主要根据国家、年代和画家等进行布置。

## ◆ 常设展厅

维拉纽瓦大楼是普拉多博物馆的主要展馆，这里有100多间陈列室和多条画廊。馆内一共有4层，负1层的3个展厅主要展示普拉多博物馆的历史；0层主要展示绘画和雕塑作品，其中包括拉斐尔、丢勒、安吉利科等大师的杰作；1层展出的是提香、鲁本斯、伦勃朗、委拉斯开兹等人的绘画作品；2层展示的是戈雅和西班牙18世纪—19世纪的绘画作品。

①委拉斯开兹厅：博物馆1层的10、11、12、14、15、15A和27号展厅陈列着西班牙17世纪伟大的艺术家委拉斯开兹的艺术杰作。12号厅的展厅中心悬挂的就是其举世闻名的《宫娥》，此外该厅还展出了多幅委拉斯开兹所创作的宫廷肖像画。

②博斯厅：0层56A展厅展出的是西班牙15世纪的天才艺术家博斯的画作。近年来，博物馆为博斯的3幅三联画提供了新的展示台以及新的照明系统，在空间上给予观众更多流动空间以提升观展体验。同时该展厅还配备了专业的65英寸显示器，可以将原作放大12倍以观察画上的各处细节。

③16世纪艺术厅：0层的52A、52B、52C展厅主要展示达·芬奇对其所处时代的欧洲绘画的影响，馆藏的《蒙娜丽莎》（复制品）就在这里展出，它由达·芬奇的工作室所创作。除此之外，还展出了其他意大利和西班牙艺术家的画作，体现了当时的艺术家们对于达·芬奇的迷恋。

④佛兰德斯艺术厅：位于2层的77—84号展厅主要展出的是17世纪佛兰德斯画派的作品，其中包括鲁本斯、老扬·勃鲁盖尔、克拉拉·皮斯特等艺术家的作品。其中鲁本斯的画作集中在78号和79号展厅，而83号展厅则是为老扬·勃鲁盖尔设计的。在1层的中央画廊和16B展厅也展出了鲁本斯、凡·戴克、乔丹斯等佛兰德斯艺术家的画作。

⑤荷兰艺术厅：2层76号展厅主要展出荷兰艺术家画作，17世纪荷兰著名画家伦勃朗的画作《朱迪斯在荷洛芬尼斯的宴会上》正位于展厅中央，另外这一展厅还有彼得·克拉斯和威廉·克拉斯·赫达等艺术家的作品。由于在馆藏品收集的时期，西班牙与荷兰的关系十分疏远，因此荷兰的艺术品在普拉多博物馆数量称不上多。

⑥19世纪艺术厅：位于0层的60—75号展厅主要展出的是18世纪末到19世纪西班牙艺术家的艺术作品。其中64号和65号展厅以“战争、历史和寓言”为主题。展现了拿破仑入侵西班牙即19世纪前20年的艺术作品。19世纪西班牙艺术家戈雅的名作，展现西班牙人民起义的《1808年5月3日的马德里》和《1808年5月2日的马德里》就在64号展厅中展出。而戈雅晚期的“黑画”系列则在67号展厅中展出。

⑦爱奥尼亚雕塑画廊：这里汇集了从古埃及到古罗马，从文艺复兴到巴洛克时期的56件雕塑作品，它们是各个时期私人画廊中雕塑的典范，其中大部分为人物雕像。在这里，古埃及程式化的形象与古希腊的个性化的形象展开对话、缪斯女神的精致面孔和老人的严肃面容形成鲜明对比，横跨数千年的雕塑作品如今处在同一空间，带给观者以无限的遐想。

## ◆临时展览

普拉多博物馆也会举办不同主题的临时展览。2023年5月到6月，《埃米利奥·桑切斯·佩里尔的画作》展出，向人们展现了19世纪末20世纪初杰出的西班牙画家埃米利奥·桑切斯·佩里尔的69幅现实主义风景画作。2023年的6月到9月，展出了《毕加索、埃尔·格列柯和分析立体主义》，用画作之间的联系来说明埃尔·格列柯对于毕加索的创作的影响。

同时，普拉多博物馆还通过出版物、在线内容、教育展览、应用程序等履行分享和传播知识的义务，并对藏品进行数字化整理，让观众在线上也可欣赏画作。其开发的官方应用程序“普拉多指南”就包含对馆内400多件代表作品的介绍，内容包括作品中讲述的故事、艺术家的创作风格等，并且提供艺术品的高清图片供下载。

1983年，普拉多博物馆成立教育部门，以研究和分享馆内丰富的艺术藏品，并逐步形成了四个板块：面向学生和教师的正规教育，面向青少年、家庭、儿童和成人的公共教育，社区教育，以及科普绘画与其他艺术形式（如舞蹈、音乐、戏剧等）相关的文化活动。

# 博物馆展览分布图

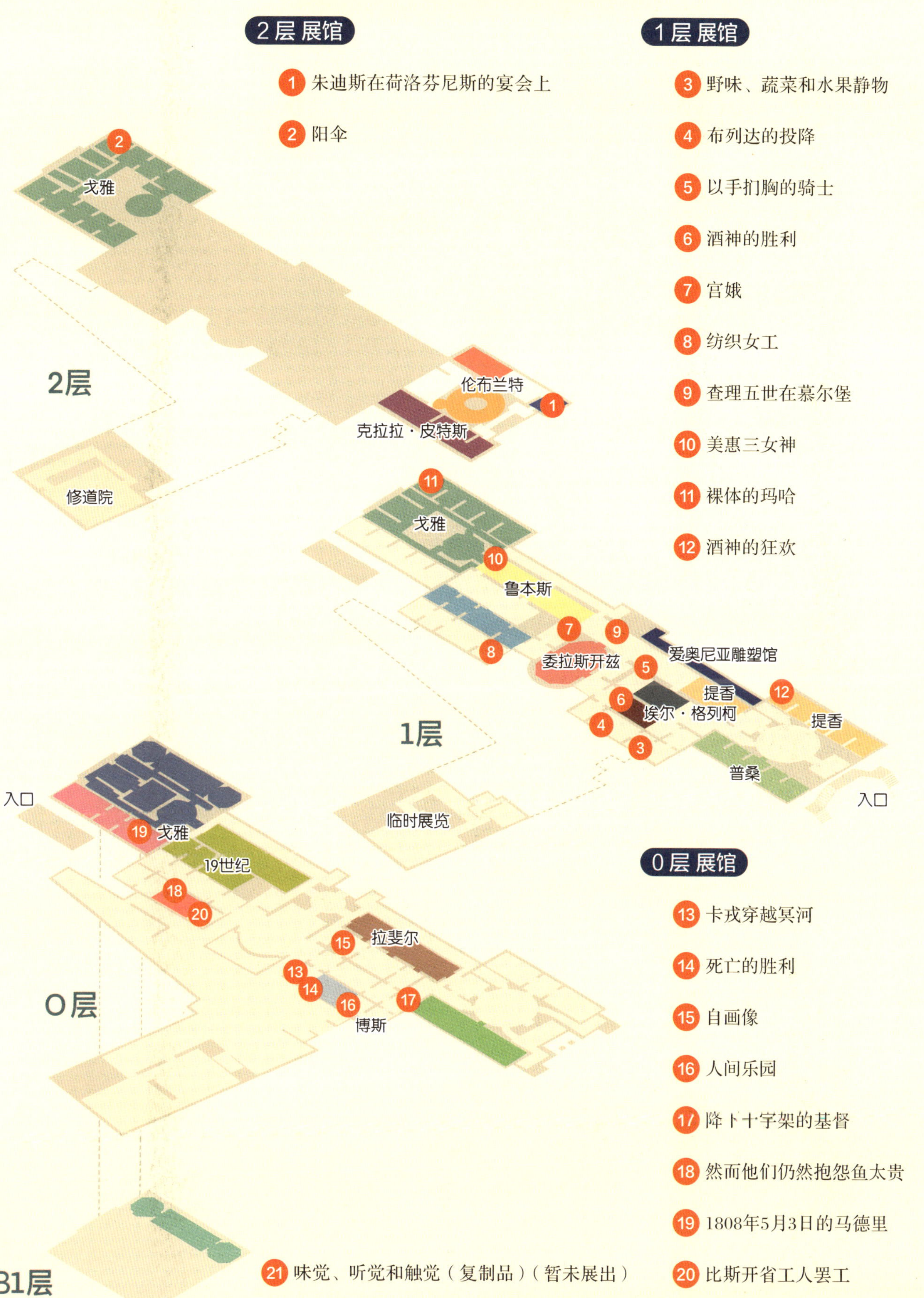


## 2层展馆

1 朱迪斯在荷洛芬尼斯的宴会上

2 阳伞

## 1层展馆

3 野味、蔬菜和水果静物

4 布列达的投降

5 以手扪胸的骑士

6 酒神的胜利

7 宫娥

8 纺织女工

9 查理五世在慕尔堡

10 美惠三女神

11 裸体的玛哈

12 酒神的狂欢

## 0层展馆

13 卡戎穿越冥河

14 死亡的胜利

15 自画像

16 人间乐园

17 降下十字架的基督

18 然而他们仍然抱怨鱼太贵

19 1808年5月3日的马德里

20 比斯开省工人罢工

21 味觉、听觉和触觉（复制品）（暂未展出）

MUSEUM'S
TREASURE
镇馆之宝

# 宫娥

## 打破传统的皇室家族群像

**创作者：**委拉斯开兹
**创作年代：**1656 年
**类型：**布面油画
**尺寸：**高 320.3 厘米；宽 279.1 厘米
**来源地：**西班牙

《宫娥》这幅画标志着委拉斯开兹艺术生涯的顶点，画面中各组人物错落排开，表面上看这是一幅皇室家族和他们仆人的画像，但其中出现的镜子、“画中画”、各种人物等元素引发了后世众多学者的讨论。

委拉斯开兹非常看重自己的身份与地位，尽管在宫廷中他得到了国王的赏识，但他最渴望的还是加入象征贵族身份的圣地亚哥骑士团。圣地亚哥骑士团是西班牙最古老、级别最高的一个骑士团，在此之前从未接纳过任何的画家。

直到委拉斯开兹去世的前一年，他才由国王的推荐加入了圣地亚哥骑士团。在这幅画中，画家不仅把自己安排在了画面上，还提前佩戴上了骑士团的十字勋章。

关于镜子里的人，学术界有两种观点。一种观点认为是现实中的腓力四世国王夫妇映射在镜中；也有学者认为，镜子反射的是委拉斯开兹画布上的内容。无论如何，镜子的设计都让原本观众看不见的国王夫妇巧妙地出现在了画面当中，而画家把他们与自己安排在同一水平线，无形中等同于提高了自己的身份和地位。

委拉斯开兹选择了一个充满动态的瞬间来进行描绘，视觉中心的小公主玛格丽特正转过身来，面向观众，年幼活泼且高贵的样子跃然纸上。

左侧的女侍从，正跪在地上把一个盛着红色陶罐的金属盘递给公主。右侧女侍从正在行屈膝礼。右侧女侏儒名叫玛丽·巴尔博拉，男孩则叫尼古拉斯·佩图萨托。前景中，国王的獒犬正在熟睡，修女和护卫则在中景的位置，背景门后的人则是王宫中的总管。

## 小提示

委拉斯开兹是西班牙17世纪最著名的绘画大师之一，他出身于塞维利亚一个破落的贵族家庭，12岁时开始师从画家弗朗西斯科·帕切科。1623年，委拉斯开兹来到首都马德里，并进入到宫廷，此后深得年轻的国王腓力四世的赏识。虽然身为宫廷画家，但他的画作也对当时的社会进行了一定程度的揭露和批判，他笔下的人物真实、生动，从不美化国王和教皇，也不丑化流浪汉和侏儒。

委拉斯开兹肖像

文物小知识

# 委拉斯开兹：
# 动荡时代的艺术巨匠

17世纪的西班牙尽管受到三十年战争的影响，经济和军事力量逐渐衰退，但其文化、艺术却迎来了一个辉煌的时代。这一时期，西班牙涌现出了许多杰出的艺术家，如委拉斯开兹、苏巴朗等。委拉斯开兹以其精湛的画技和对现实主义的深刻理解，成为西班牙乃至世界艺术史上的一位重要人物。他的作品至今仍然被广泛研究并享有赞誉，展现了极高的艺术成就，对后世艺术家产生了深远的影响。

《腓力四世肖像》（局部） 委拉斯开兹

《塞维利亚的卖水人》 委拉斯开兹

## 帝国的衰落与文化艺术的繁荣

1492年，哥伦布在伊莎贝拉女王的支持下开始了海上航行并发现了美洲。随后的半个世纪里，西班牙从美洲殖民地掠夺了大量的金银财宝，到16世纪时，西班牙已经是称霸欧洲的海上强国。

17世纪西班牙走向衰落，但艺术和文学却迎来了黄金时期。文学上，以现实主义作家塞万提斯为代表，他的小说《堂吉诃德》是文学史上第一部现代小说。艺术上则以委拉斯开兹等人为代表，他们的艺术赞助人就是当时在位的腓力四世。腓力四世的志趣不在于理政，而在文学和艺术，他喜欢和艺术家共度时光，并把委拉斯开兹当作朋友。

## 委拉斯开兹的早期艺术风格

早期委拉斯开兹的艺术风格深受卡拉瓦乔的影响，其特点体现在平民化的观察角度、自然主义的表现风格。在他的早期代表作中，《塞维利亚的卖水人》无疑是一幅具有里程碑意义的作品。在这幅画中，他生动地塑造了一个饱受生活摧残的卖水人的形象。他通过细腻入微的笔触和真实生动的光影效果，将卖水人谋生的艰辛与内心的坚韧展现得淋漓尽致。这幅画不仅展示了委拉斯开兹对人物的刻画能力，也将当时西班牙社会的风貌和人民的生活状态真实地呈现在观众面前。

《教皇英诺森十世像》(局部) 委拉斯开兹

## 意大利之行和《教皇英诺森十世像》

委拉斯开兹在腓力四世的宫廷中接触了大量的艺术杰作，同时他还曾两次游历意大利，访问了威尼斯、罗马、佛罗伦萨等地，并临摹了很多大师的作品。1648年—1651年，委拉斯开兹受到国王的委托第二次去往意大利，这一次出行的目的是为皇室收集艺术品。在意大利，他受到了英诺森十世的款待，为了答谢，委拉斯开兹为其画了一幅肖像，也就是著名的《教皇英诺森十世像》。在这幅画中，英诺森十世紧皱眉头，表情严肃，神态近乎于咄咄逼人。据说英诺森十世本人也曾感叹这幅画入木三分，“太过真实”。

《宫娥》 毕加索

《宫娥》 达利 1960年

《宫娥》 达利 1976年

## 来自后世的致敬

作为西班牙艺术黄金时代的代表，委拉斯开兹以其卓越的艺术成就，为后世艺术家提供了宝贵的艺术财富。他的《宫娥》是西方艺术史中的杰作，充满着神秘感和丰富的象征意义，被后世的艺术家和学者们称为“绘画的神学”“真正的艺术哲学”。后世众多艺术家将其作为灵感源泉对其进行再创作，这其中就包括著名的艺术家毕加索和达利，毕加索甚至在20世纪50年代创作了多达40多幅《宫娥》的变体画。后世的艺术家们对《宫娥》进行了新的解读和演绎，也使得经典之作拥有了更为深刻的意义。

# 1808年5月3日的马德里

## 一段动荡的历史

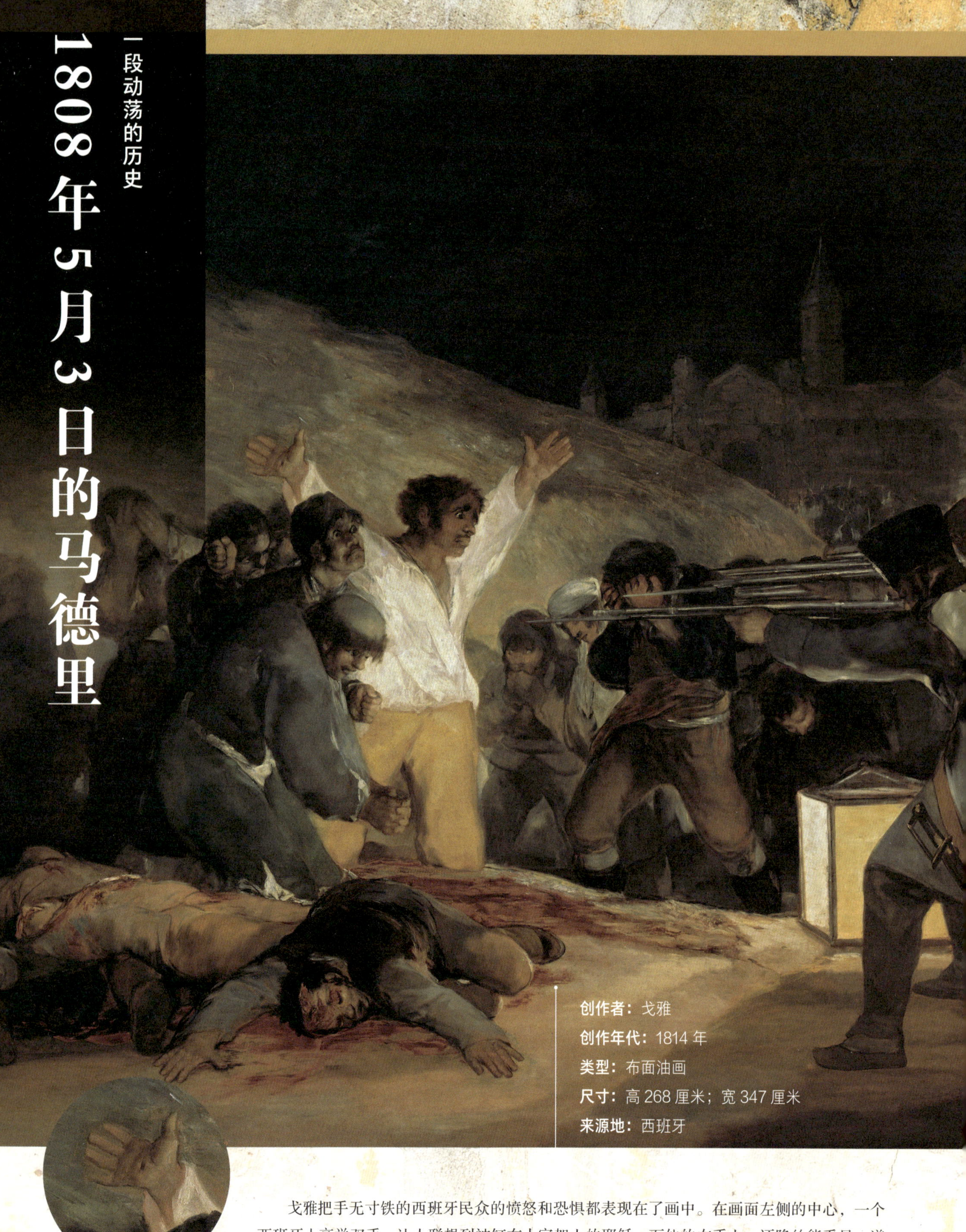

**创作者：**戈雅

**创作年代：**1814年

**类型：**布面油画

**尺寸：**高268厘米；宽347厘米

**来源地：**西班牙

戈雅把手无寸铁的西班牙民众的愤怒和恐惧都表现在了画中。在画面左侧的中心，一个西班牙人高举双手，让人联想到被钉在十字架上的耶稣。而他的右手上，还隐约能看见一道“圣痕”。

《1808年5月3日的马德里》是戈雅最为著名的画作之一。这是一幅充满悲剧色彩的作品，画面描绘了拿破仑军队镇压马德里五月起义这一事件。画家用生动的笔触表现了侵略者对于民众惨无人道的枪杀。这幅画是对真实历史事件的记录，向人们揭示了战争的残酷和暴力。

事件发生在夜晚，画面主体被笼罩在黑暗之中。画家巧妙地运用一盏方形灯将画面上的人物分为了两个阵营，形成了左亮右暗的关系，也用光指示出了画面的主体。人物就好像身处戏剧舞台上，一明一暗之间，画面顿时充满紧张感。主人公所穿的明亮的白色衣服，也和周围人的暗色服饰形成强烈的对比，使主要人物更加突出和醒目。

《荷拉斯兄弟的宣誓》 大卫

戈雅将法国士兵置于画面右侧，背对着观者，他们正用步枪瞄准那些即将被处决的民众。而左侧，是被光线照亮的西班牙民众，也是即将慷慨赴死的英雄。一左一右的对峙，让画面极具戏剧性和张力。类似的构图在同时期的法国新古典主义画家大卫创作的《荷拉斯兄弟的宣誓》中也可以见到。

文物小知识

# 戈雅的艺术与战争：画笔下动荡的西班牙

西班牙画家戈雅被后世誉为浪漫主义的先驱。他从3岁开始学习艺术，曾任圣费尔南多皇家美术学院的院长，1789年被卡洛斯四世任命为宫廷画家。他的绘画技法受到委拉斯开兹的影响，画面色彩装饰感强，对人物的塑造也很真实、自然。他的作品具有鲜明的民族性和现代性，可以说戈雅的出现让西班牙的艺术走上了一条富有创造性的道路。

《1808年5月2日的马德里》 戈雅

## 西班牙人民的起义

1808年5月2日这一天，西班牙民众在马德里和法国士兵发生了冲突。拿破仑的军队随后对这一次起义进行了残酷的镇压和报复，逮捕和屠杀一直持续到5月3日的夜晚。戈雅为记录这次事件创作了《1808年5月3日的马德里》和《1808年5月2日的马德里》。

《1808年5月2日的马德里》所描绘的是西班牙民众在马德里太阳门广场发动起义，被法国军队镇压的场景。双方陷入了激烈而混乱的厮杀，画面表现出了西班牙民众的激愤之情。除此之外，戈雅还创作了大型铜版组画《战争的灾难》（共82幅）来谴责战争的非理性和残酷，以及给人民带来的苦难、痛苦。

《战争的灾难第58·哭喊是没有用的》

《战争的灾难第27·乌合之众》

## 聋人之家

大约在1792年—1793年间，戈雅患上重病并导致了他从此双耳失聪。1819年，年过古稀的戈雅离开了宫廷，他在马德里郊外买下一栋别墅，隐居于此。房子叫“聋人之家”。

聋人之家

## “黑画”系列

这座乡村别墅有两层，戈雅居住在此期间，在墙壁上画了14幅作品，这些作品因为其可怖的画面和阴沉的色调被称作“黑画”系列。1873年，一位在西班牙经营房地产的法国人，收购了这座别墅，并将壁画转移到了画布上。1881年，埃米尔·德兰格男爵把“黑画”系列捐赠给了西班牙政府，画作目前收藏在普拉多博物馆。

14幅画分别画在别墅一层和二层的墙壁上，这些画作体现出戈雅对于理性、宗教和战争的重新思考。

《萨图尔食子》是该系列极具代表性的一幅画作，取材于传统题材：天神萨图尔曾杀掉自己的父亲篡位。后来当他听到自己的儿子也将篡位的预言时，他竟将儿子残忍地吞噬了。这幅作品表现了人性中贪婪、暴力、阴暗、残忍的一面。

《溺水的狗》是“黑画”系列中最神秘的一幅。画面的左下角，一只狗完全被沙子淹没，置身危险之中，剩余的画面则被灰蒙蒙的天空占据。作品给人带来极强的压迫感和恐慌感，传递出末世来临般的绝望，反映出画家对于死亡的反思。

行至“黑画”系列时期，戈雅的艺术已经超越了他所处的那个时代，极具现代性。后来的德国表现主义和超现实主义等现代艺术流派都从他的艺术中得到启示。意大利美术史学家文杜里曾这样评价戈雅：“正如古代罗马的诗歌是从荷马开始的一样，近代绘画是从戈雅开始的。”

《萨图尔食子》

《溺水的狗》

戈雅晚年自画像

# 人间乐园

## 藏在画中的隐喻和劝诫

画面由三部分构成，从左至右依次描绘的是伊甸园、人间乐园和地狱。左联伊甸园里呈现出一派美好祥和的景象，前景是亚当、耶稣和夏娃，而背景中则是各类造型怪异的飞禽走兽。中间画面是人间乐园，描绘了大量裸体人物以及水果、植物和动物，将世间男女放纵享乐的场面展露无遗。而右联的地狱色调明显暗了下来，表现的是人类堕入地狱后遭受折磨和惩罚的场景。

**创作者：**博斯

**创作年代：**1490 年—1500 年

**类型：**木板油画

**尺寸：**高 185.8 厘米；中间面板宽 172.5 厘米；两翼面板宽 76.5 厘米

**来源地：**荷兰

《人间乐园》是一幅包含劝诫意味的三联画，也是画家博斯最复杂和神秘的作品。博斯在这幅画中将现实和幻想相结合，描绘了一个充斥着罪恶和奇异动物的乐园，用寓言性的故事表现了人类屈服于各种世俗快乐的后果。

画面中有不少物象被认为有着象征意义，例如喷泉象征着中世纪传说中的“青春之泉”，也就是不老泉，体现着人类对于青春永驻的渴望。画面中多处出现了草莓，有学者认为，草莓颜色鲜艳且多籽，象征着沉溺于享乐。

画面右联出现了一个人的形象，有研究者认为这可能是画家博斯的自画像。

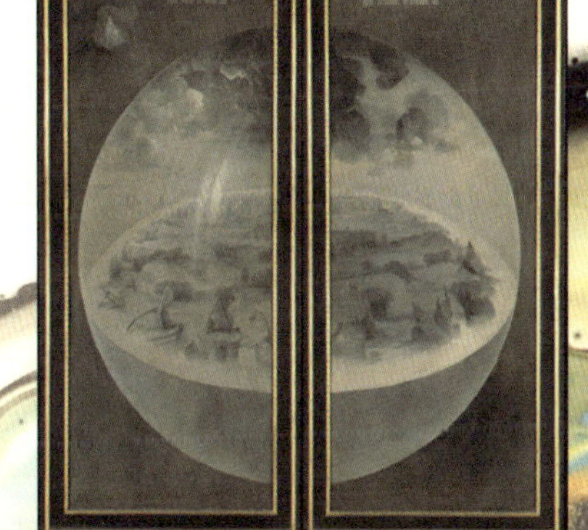

两翼合拢后会出现一个球体，表现的是创世第三天的世界，也就是神创造了植物但还未创造出人类和动物之前的世界。

**文物小知识**

# 尼德兰画派画家博斯：中世纪末期的神秘画家

博斯以其充满象征意义、神秘主义和超现实主义的作品而著称，被认为是北方文艺复兴时期最具特色和影响力的艺术家之一。博斯的作品主题多聚焦于人类的原罪、天堂与地狱的对立，以及基督教的末世论，他对幻想世界的描绘和对细节的精细刻画，使作品充满了解构的空间，至今仍吸引着众多研究者和艺术爱好者的探索与研究。

《干草车》 博斯

## 干草车

博斯的《干草车》同样是一幅充满寓意的画作，它是博斯创作生涯后期的一幅名作，也是一幅三联画。它的寓意更加明显，灵感源自尼兰德的一句谚语："世界就像是一架干草车，每个人都尽可能地去巧取豪夺。"表现了人的原罪之一——贪婪。这幅画的构图和《人间乐园》相似，同样也是描绘了伊甸园、人间和地狱。左联以类似"连环画"的形式展现，从上至下依次表现了上帝从亚当身上取下肋骨创造夏娃，以及亚当和夏娃在蛇的怂恿之下吃下禁果以及二人被驱逐出伊甸园的故事。

中间面板的细节更加丰富，无论平民还是商人、教徒，都为了得到干草而大打出手。甚至左侧的教宗还有远处的修女，也参与了这场争夺。画面前景中心的医生看似正在给病人看牙，口袋里也已满是干草。画面右侧，奇异的动物又出场了，它们正拉着干草车往前走，而前方就是地狱。右联描绘了地狱的场景，出卖灵魂换取干草的人都被送到这里。恶魔们看起来分工明确，有的在负责建造，有的负责押送和惩罚人类。

《耕地》 胡安·米罗

《记忆的持久性》 达利

## 超现实主义的鼻祖

博斯是15世纪末到16世纪初尼德兰最重要的画家之一，他的画辨识度很高，充满着光怪陆离的幻想和怪诞夸张的事物，极具创意，他也被后世誉为超现实主义的鼻祖。他的作品和风格深深影响了后来的达利、米罗等画家。

### 小提示

三联画的名称起源于希腊语中的“三折”，它由三个部分组成。三联画的形式与基督教艺术密切相关，是中世纪以来教堂里祭坛画的常见形式，用于装饰祭坛。画面常描绘圣经故事，中间部分通常是画面焦点。进入现当代，仍有艺术家以三联画形式进行创作，其中以弗朗西斯·培根为代表，但主题已不再局限于圣经故事。

《天使报喜三联画》 罗伯特·康平

MUSEUM
COLLECTION
TREASURES
馆藏珍品

# 裸体的玛哈

## 追寻自由的先声

18世纪的西班牙和同时代的其他欧洲国家相比，是一个较为落后的国家，这种落后不光体现在政治和经济上，也体现在文化和思想上。当其他国家接连步入资本主义社会时，西班牙仍处于封建社会，思想上也更加保守、封闭。描绘女性裸体在当时是被严令禁止的，《裸体的玛哈》的问世无疑给当时的西班牙社会和艺术界丢了一枚重磅"炸弹"。

**创作者：** 戈雅

**创作年代：** 1795 年 — 1800 年

**类型：** 布面油画

**尺寸：** 高 97.3 厘米；宽 190.6 厘米

**来源地：** 西班牙

《裸体的玛哈》代表了戈雅艺术的高峰，它沿用了艺术史上传统的斜卧的维纳斯式构图，但仍旧冲破了传统的禁锢，画家描绘的裸体女性不再是神话故事中的维纳斯，而是现实生活中的人。这在当时的西班牙是不被允许的，体现了画家对于当时的西班牙教会和封建势力的一种挑战，也反映出画家对于自由的追求。

画面中的年轻女性斜卧在床上，双臂交叉放在头后，正面朝向观者。相比于简洁的背景，画家显然在人物的脸部描绘上花费了更多心思。她面色绯红，脸上带着一抹微笑，目光直视观众，大胆而直率。

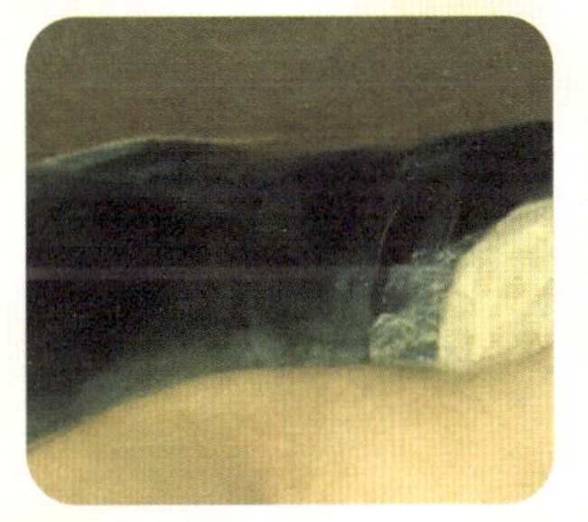

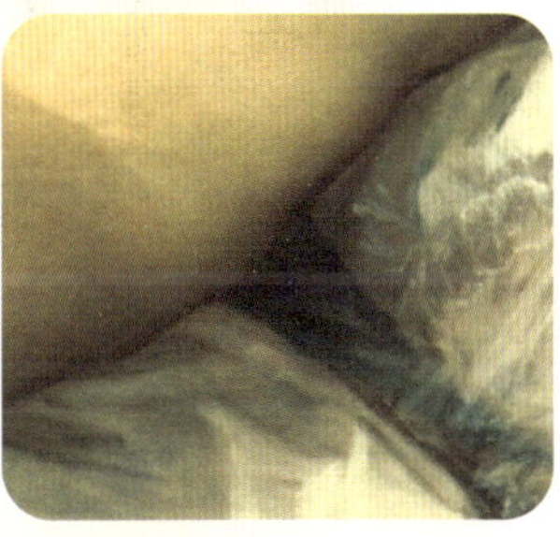

戈雅对于光线、色彩的运用非常出色。整个画面中并无过多的装饰，背景十分简洁，但画家巧妙地运用光线和色彩，为简洁的构图增加了丰富的明暗对比和冷暖对比，墨绿色天鹅绒床的冷色调将身体的暖色调衬托得更加突出，同时作者把光线投射到人物身上，以吸引观者的目光，让人不自觉地与画面中的女性发生对视，营造出一种朦胧的美感。

## 小提示

宗教裁判所是审判异端及其学说的机构，于13世纪时成立，目的是维护天主教的地位。常用残酷的手段惩罚他们所认定的异端，直到20世纪初，宗教裁判所才被取消。《裸体的玛哈》就曾被宗教裁判所判定为是“淫秽作品”。

《宗教裁判所》 戈雅

# 画中的裸女：对性别、身体的认知和美的进化与变革

艺术史中对女性裸体的描绘最早可追溯到古代文明，展现了人们对于生殖的崇拜，而女性裸体画的不断嬗变也反映着社会文化和艺术理念的演变。文艺复兴时期，“斜卧的维纳斯”成了一种文化符号，并在之后不断演变和丰富着，反映出了艺术家们对于社会道德、性别角色的深刻思考和探索，这些画作通过对女性身体美的描绘，传递出一种跨越时代的艺术语言。

## 姊妹之作——《穿衣的玛哈》

《穿衣的玛哈》相比《裸体的玛哈》，色彩更加热烈奔放，画中的女子穿着光亮的白色衣服和裤子，束着粉色束腰，披着一件深黄色的外衣。人物姿态并无太大的变化，但《穿衣的玛哈》神态更显自然和放松。正是这幅穿着现代服装的玛哈肖像画让人们明白，它的姊妹之作《裸体的玛哈》所画的主题并不是神话故事里的维纳斯，而是一个现实中的女性。

## 几种猜测

玛哈来源于西班牙语“maja”，在18世纪、19世纪时指西班牙的平民女性。关于她是谁，至今仍是一个未解的谜团。研究这幅画的学者对此持有不同的观点：第一种观点认为画中的女性是阿尔巴公爵夫人，她是戈雅的重要赞助人，戈雅也曾为她画过肖像画。据传，戈雅在为阿尔巴公爵夫人绘制肖像后，二人拥有过一段充满激情的恋情。但这一说法后来被戈雅的孙子所否认。另一种观点认为画中的女性是这幅画的委托人——西班牙首相戈多伊的情妇佩皮塔·图多；也有学者认为画中的女性是一名马德里女佣。

## 斜卧的维纳斯

《裸体的玛哈》画面中这种斜卧的构图最早出现在文艺复兴时期画家乔尔乔涅的《沉睡的维纳斯》中，后来提香的《乌尔比诺的维纳斯》、委拉斯开兹的《镜前的维纳斯》都采用了这一构图。

《沉睡的维纳斯 》 乔尔乔涅

《乌尔比诺的维纳斯》 提香

《穿衣的玛哈》 戈雅

乔尔乔涅的《沉睡的维纳斯》是文艺复兴时期的一幅大型裸女画作，这幅充分展现了女性之美的画作也标志着人文主义的胜利。戈雅曾留学意大利，接触到了提埃波罗和乔尔乔涅的画作。戈雅的两幅玛哈的肖像画很可能就受到了乔尔乔涅的《沉睡的维纳斯》的启发。

委拉斯开兹所画的《镜前的维纳斯》只露出了人物的背面，但画中正扶着镜子的小天使丘比特提示了人们：画面中的裸体女性是神话中的女神维纳斯。而戈雅的作品是完全正面的视图，画面中也再无其他人物。

在戈雅之后，印象派画家马奈也用这一图式创作了著名的肖像画《奥林匹亚》。尽管这幅画现在被认为是一幅杰作，但在1865年的沙龙上首次展出时，仍然引发了评论家和媒体的批判与嘲笑。但也正是艺术家们一次次地挑战常规，才将艺术不断推向新的境界。

《镜前的维纳斯》 委拉斯开兹

《奥林匹亚》 马奈

# 自画像

## 丢勒的自我意识

**创作者：** 丢勒

**创作年代：** 1498 年

**类型：** 木板油画

**尺寸：** 高 52 厘米；宽 41 厘米

**来源地：** 德国

1498年，丢勒为自己画下了这幅自画像。画中的丢勒将自己描绘成一位绅士，脸部以四分之三侧面呈现，身穿当时德国时髦的服装，目光深邃、神态优雅。这幅画中的多处细节均透露出画家的自我意识，是西方艺术史上不可多得的肖像画杰作。

丢勒对于服饰、皮肤以及毛发的描绘都十分细致，一丝不苟。他的头发显得金黄闪亮，仔细看便发现刻画得极其精细，就像是一根一根画出来的一样，给观者以强烈的真实感。但对于自己的面部，画家并没有使用理想化的方式来描绘，而是表现出了真实的样子：轻微下垂的眼睑、突出的鼻骨、近乎傲慢的神情，以及冷漠但具有洞察力的目光。

这幅画描绘的场景是在房间内部，房间通过后墙上打开的窗户与外部相连。像这样在人物背后加入窗户，并能透过窗户看到外面的风景，是典型的意大利式构图。此外，丢勒所画的窗外风景很可能正是他旅行途中所见过的阿尔卑斯山脉的景色。

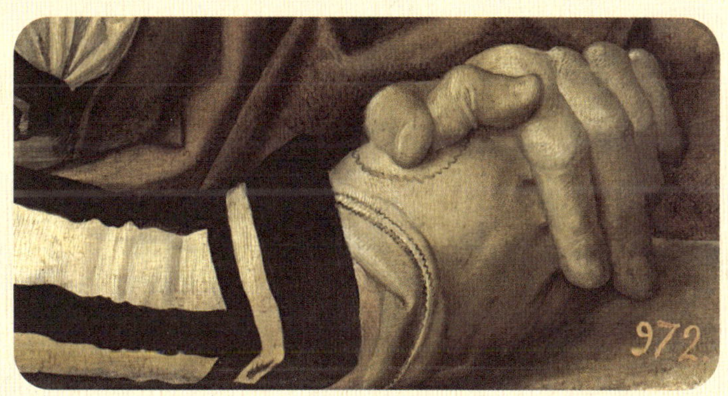

画家戴着灰色小羊皮手套，这样的手套在当时算得上是奢侈品，也是社会地位的体现。窗台上的落款证实了他对自己艺术才能的自信，上面用德文写着：“1498年，我依据自己的外貌画此。那年我26岁，阿尔布雷希特·丢勒。”下面还有丢勒特有的签名。

**小提示**

丢勒是文艺复兴时期德国最伟大的艺术家之一。他出生在德国纽伦堡的一个金匠家庭，15岁开始就在当地有名的画家沃格穆特门下当学徒。他一生中曾有两次重要的旅行，第一次是前往德国南部和瑞士，第二次是1494年—1495年期间的威尼斯之旅，在意大利，丢勒受到了文艺复兴思潮的激励。从意大利回来后，他创作了著名的木刻组画《启示录》，并因此成名，享誉欧洲。

《启示录之七头龙》

# 以手扪胸的骑士

直视心灵的肖像画

**创作者：**埃尔·格列柯

**创作年代：**约 1580 年

**类型：**布面油画

**尺寸：**高 81.8 厘米；宽 66.1 厘米

**来源地：**西班牙

《以手扪胸的骑士》是埃尔·格列柯创作的最为著名的肖像画之一，画中的这位绅士大约30岁，着装是16世纪70年代末西班牙的流行风格，白色的窄领子高高地立在耳后。放在胸前的右手和金色的剑柄在黑色紧身上衣的衬托下显得格外显眼。观众似乎能从他的眼神中窥探出他的内心，而这正是埃尔·格列柯所擅长的。

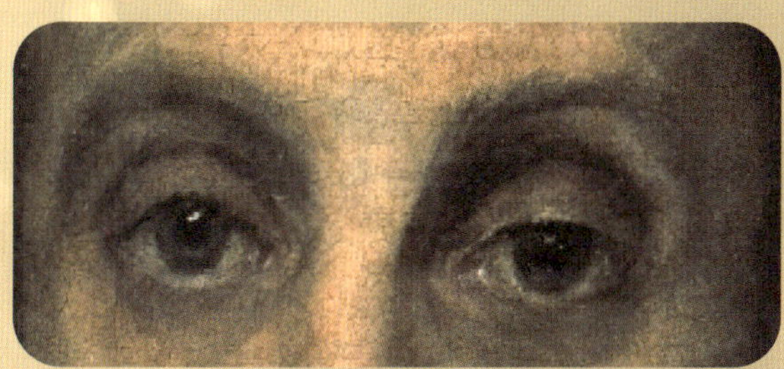

埃尔·格列柯运用巧妙的构图将观众放在了誓言见证人的位置，观者不仅与骑士面对面，而且还被他的眼睛直视着。同时画家也在强调画面的对称性。以头顶、鼻子和胡须尖端为中心轴，身体肩膀呈三角形，头部恰好位于三角形顶点。

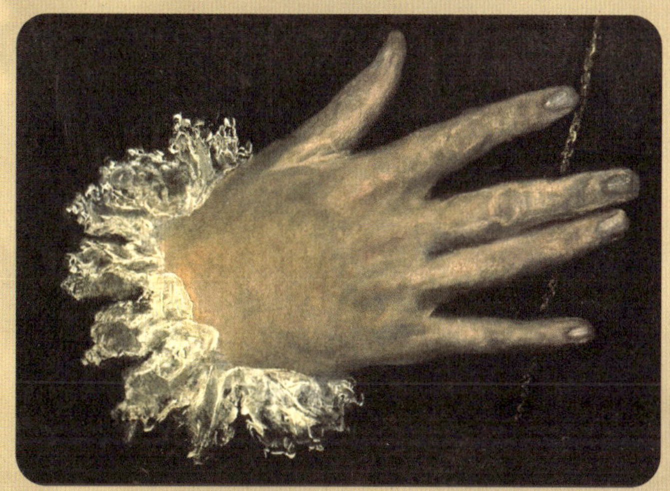

画中的男性将右手放在胸口，以示虔诚，华丽的剑则意味着坚定的决心。有人认为这可能是一幅自画像，他的手势代表了画家对自己身份的自豪与肯定。另一个更有说服力的观点则认为他是第三任蒙特马约尔侯爵胡安·德·席尔瓦·德·里贝拉，是托莱多的一位公证人。

画家擅长以光线和色彩营造庄严感。画面的颜色基本上可以归结为黑、白、灰三类，每一种都有着独特的功能。黑色使白色看起来更亮，白色使黑色看起来更暗。背景若隐若现的暗红色和剑柄的金色修饰了画面，金色也让周围的黑色变得更暗，相反，黑色使金色更有光泽。颜色就像光一样，被用来强调这场宣誓仪式上的重要元素，并增加视觉冲击力。此外，这些颜色的运用让人物体现出忧郁和傲慢之感，而金色也增强了仪式的庄重感。

## 小提示

埃尔·格列柯是西班牙绘画的先驱。他早年曾接受过拜占庭晚期传统圣像画家的培训，青年时期在威尼斯受到了文艺复兴艺术的影响。大约在1577年，格列柯来到了西班牙古都托莱多城，再次开启了艺术创作。埃尔·格列柯笔下的人物造型颀长，常常有苦闷、沉思、不安的情绪，给人以神秘莫测的感觉，其风格对现代艺术影响很大。

《一位老人的肖像》（局部） 埃尔·格列柯

# 阳伞

## 欢乐的西班牙生活图卷

**创作者：**戈雅

**创作年代：**1777 年

**类型：**布面油画

**尺寸：**高 104 厘米；宽 152 厘米

**来源地：**西班牙

《阳伞》是一件挂毯的底图，挂毯将挂在阿斯图里亚斯王子的餐厅里，它是10幅“乡野生活”主题的挂毯系列画中的一件，展现了西班牙小镇上人们宁静、欢快的日常生活场景。

《阳伞》是戈雅早年在马德里皇家织造厂当挂毯图案设计员时的作品。画中一位少女优雅地侧坐在地上，腿上趴着一只黑色的小狗，在她的身后站着一个男孩正为她打伞遮阳。这是一幅类似洛可可风格的画作，色彩明亮，主题欢快，反映了戈雅早期艺术的风格。

戈雅设计了一个等边三角形式的金字塔构图，这样的构图形式使得画面显得愈发宁静，同时也将众人的目光都集中在少女的脸上。男孩的视线与左侧墙壁的线条都指向画面中心，也将观众的视角引到少女的脸上。

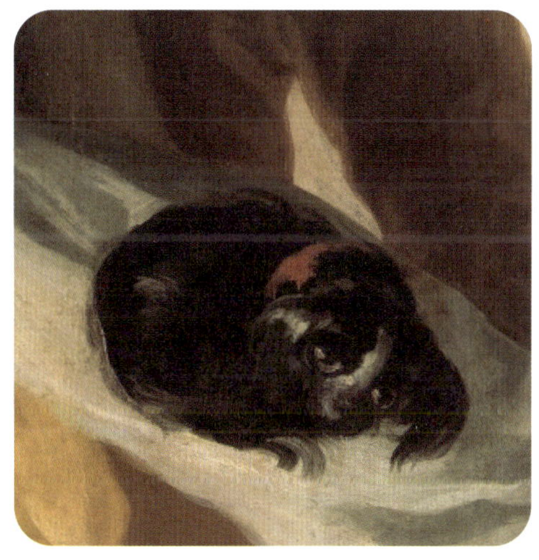

这幅画的色彩和构图常被认为是受到了洛可可艺术的影响。戈雅使用了十分明亮的色彩，使得整个画面氛围显得欢乐、轻快，画中的少女穿着时尚的法式风格的衣服，右手拿着扇子，腿上趴着一只小狗，伞的颜色投射出柔和的绿色色调在少女脸上的阴影中，体现出戈雅在光影运用上的精湛。

《儿童吹气囊》

《野餐》

# 查理五世在慕尔堡

骑马肖像画模式的奠定

**创作者：** 提香
**创作年代：** 1548 年
**类型：** 布面油画
**尺寸：** 高 335 厘米；宽 283 厘米
**来源地：** 西班牙

1548年，意大利画家提香受到西班牙查理五世的邀请启程去到德国奥格斯堡为他创作一幅肖像画，也就是我们现在所看到的这幅。它是为了纪念查理五世于1547年4月24日战胜施马尔卡尔登联盟所作。提香开创的骑马肖像画的模式，对后世产生了深远影响。

《骑士、死亡与魔鬼》 丢勒

由于骑马肖像画在过去并无先例，提香在创作时借鉴了古罗马雕像和文艺复兴时期的马术图像，以及德国艺术家丢勒于1513年至1514年创作的版画《骑士、死亡与魔鬼》。提香在这幅画中创造了骑马肖像画的模式，将其变为君王权力的象征，具有开创性的意义，对后来的艺术家包括鲁本斯、委拉斯开兹、戈雅等艺术家都产生了巨大的影响。

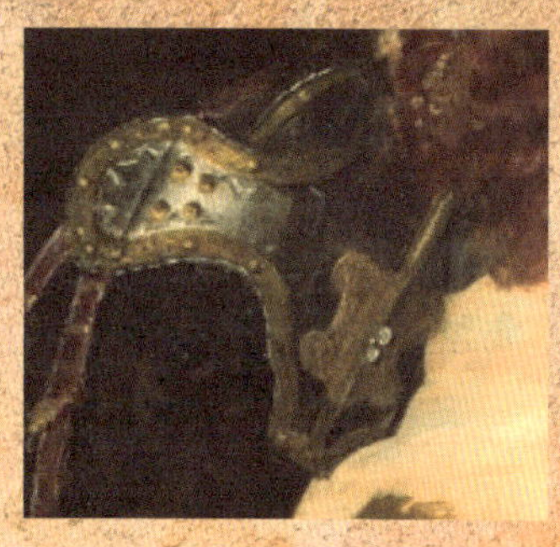

提香在创作这幅画时，他的朋友曾提出建议：在画中加入代表宗教信仰的事物以及被马践踏的敌人等。但他并未采纳，而是描绘了一个更具有真实性的皇帝的形象。其中马的品种、武器、马具等都参考了官方记录。同时，提香花费了很多心思在表现盔甲的光泽、马鞍布的红色上。

16世纪时，欧洲处在社会大变革时期，为了稳固自身的统治地位，查理五世尝试拉近天主教徒和新教徒的关系。因此他希望被描绘成一位能够统治不同国家和宗教的君主，而提香的画作也做到了这一点。画面中的查理五世看起来泰然自若、平和坚忍，展现了一位卓越君主的形象。

《查理五世像》（局部） 提香

**小提示**

查理五世是欧洲中世纪时期的帝王，是奥地利哈布斯堡家族的后裔。他在16岁时继承了西班牙王位，被称为国王卡洛斯一世。1519年当选为神圣罗马帝国的皇帝，被称为皇帝查理五世。查理五世在位时期，其版图包括了西班牙、尼德兰、意大利的米兰、那不勒斯和西西里，以及美洲殖民地等，因此有人称其帝国为“欧洲近代第一帝国”。

# 戏剧性的光与影

# 朱迪斯在荷洛芬尼斯的宴会上

**创作者：** 伦勃朗
**创作年代：** 1634 年
**类型：** 布面油画
**尺寸：** 高 143 厘米；宽 154.7 厘米
**来源地：** 荷兰

伦勃朗继承了意大利画家卡拉瓦乔的明暗处理方法，并进一步发展，利用光线来塑造形体、表现空间和突出重点。在这幅画中，观者第一时间就能将目光聚焦在主角朱迪斯身上。同时，伦勃朗对光的运用是带有主观情感色彩的，他不仅将明暗对比强烈的用光技法融入人物形象之中，也将其融入人物内心世界之中。

《朱迪斯在荷洛芬尼斯的宴会上》是伦勃朗所创作的一幅以女性英雄形象为主题的画作。画作中，朱迪斯身着华丽的服饰，面容冷静而坚定，同时画家运用了他标志性的明暗处理方法，通过光线的精妙布局来强化人物的立体感、传达内心的情感。从历史的角度来看，对朱迪斯这一英雄人物的描绘也体现了荷兰人在解放战争中的爱国情怀。

在椅子的扶手上有一个签名并写明了这幅画的创作日期“Rembrant，F. 1634”。“Rembrant”曾出现在伦勃朗1633年的画作上，以及1632年—1633年间创作的一些版画中。并且作品的风格也符合伦勃朗那一时期的艺术特征，以上线索共同印证了这幅画的创作者的身份。

在黑暗的背景下，主角的形象十分醒目，她穿着刺绣连衣裙、镶有金色饰边和封口的丝绸外衣。此外，还戴着双链珍珠项链和手链以及珍珠耳环。

年轻的女仆跪在她面前，背对着观众，只露出了侧脸，递给她一个由鹦鹉螺壳制成的杯子，杯子里面还盛有酒。此前这一场景一直被解读为女王阿尔忒弥斯准备喝下她丈夫的骨灰。但普拉多博物馆的研究员提出了新的观点：画面上出现的老仆、主人公华丽的服装、拿着奢华的杯子的女仆、背景中的窗帘（在旧照片中可见）等要素，都更符合欧洲绘画中刺杀荷洛芬尼斯的主题，而画面中心的女人正是《圣经》中的犹太女英雄朱迪斯。

## 小提示

17世纪荷兰伟大的现实主义画家伦勃朗，对欧洲的现实主义艺术产生了重要影响。他受到卡拉瓦乔的影响，形成了自己独特的画风，后人称之为“伦勃朗明暗画法”。他笔下的人物生动传神、独具风采，其中群像画尤为出彩，代表作有《夜巡》《杜普教授的解剖学课》等。

伦勃朗

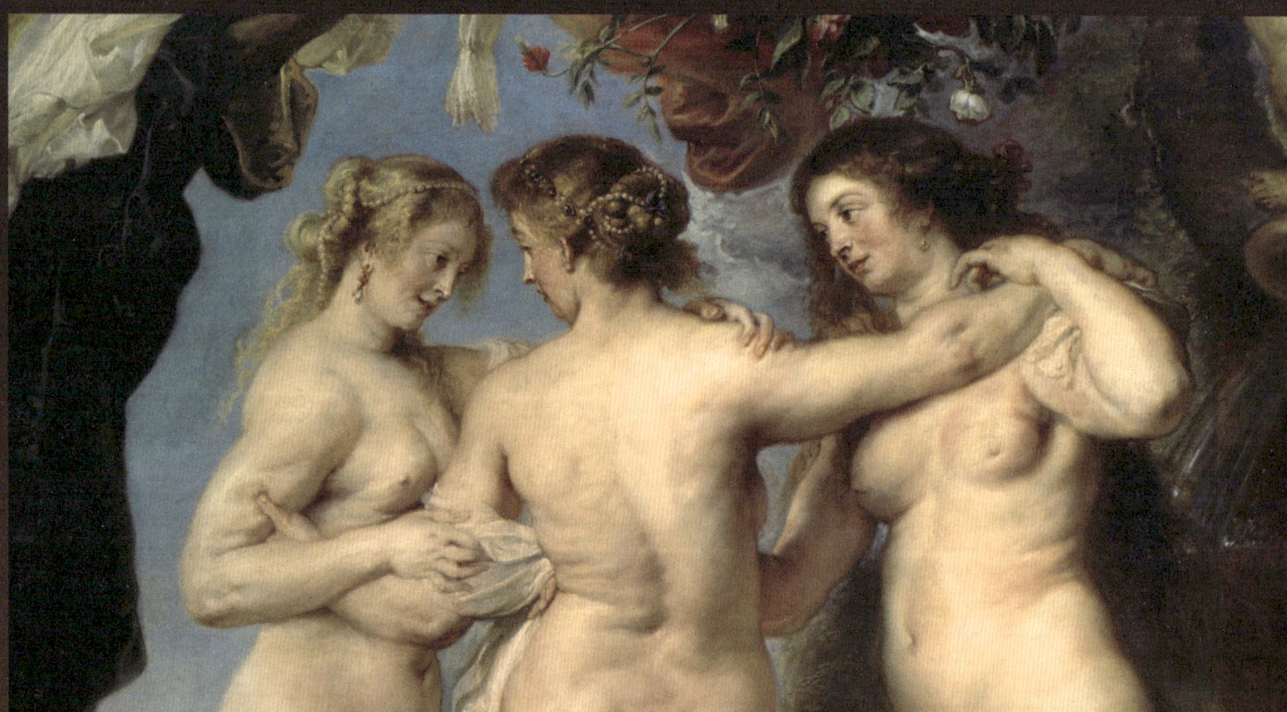

# 酒神的狂欢

生命的欢歌

**创作者：**提香

**创作年代：**

1523 年—1526 年

**类型：**布面油画

**尺寸：**高 175 厘米；

宽 193 厘米

**来源地：**意大利

提香的画作色彩生动明艳、热烈奔放，同时能将衣服的光泽和人体细腻的质感表现得十分逼真，这是他的艺术作品的典型特征之一。据说，他的画作几乎利用了他那个时代所有可用的颜料。除了文艺复兴时期常见的颜料（例如群青、朱红等），还使用了当时稀有的雄黄和雌黄。

《酒神的狂欢》是文艺复兴时期画家提香受费拉拉公爵阿方索一世的委托创作的神话题材画作，表现的是安德罗斯岛上的酒神节。整个画面表现出旺盛的生命力。画作底部的一张乐谱上写着“饮酒而不复饮者，不知饮酒为何物”。

《诸神的盛宴》 乔凡尼·贝里尼

《酒神的狂欢》这幅画的构图参考了乔凡尼·贝里尼的《诸神的盛宴》一画。将人物安排在自然环境当中，人物在前景中或站立或坐卧。不同的是，提香用更具活力的人物动态，以及从画面左下角至躺卧的老人所在的右上部的山坡为画面注入了活力。

画面中心的女性，让人联想到女神维纳斯。有学者认为，她很有可能代表阿里阿德涅——酒神巴克斯的心爱之人。据说这位模特是画家提香当时所爱的维奥兰特，画家的签名就位于她的衣服领口。而背景中躺着的老人则推测是河神的化身。

提香

**小提示**

提香是意大利威尼斯画派的重要画家，被同时代人誉为“群星中的太阳”。他师从画家乔凡尼·贝里尼，擅长绘制肖像、神话和宗教题材画作。其作品中所体现出来的诗意和热烈的情感、丰富而明亮的色彩、活泼的动态，深刻影响了后来众多艺术家。

# 卡戎穿越冥河

16世纪新颖的风景

**创作者：**帕蒂尼尔

**创作年代：**1520 年 — 1524 年

**类型：**木板油画

**尺寸：**高 64 厘米；宽 103 厘米

**来源地：**比利时

卡戎是西方神话中的人物，他是冥王哈得斯的船夫，冥界的摆渡人，负责引导刚刚死去的人的灵魂渡过冥河。画家将场景设定在卡戎到达冥河两侧各有一条分支的地方。那一刻，也就是做出最终决定的时刻——他所带领的灵魂必须选择两条道路之一。天使指出的路代表着困难之路，但这条道路通向救赎和天堂。而另一侧看似是更轻松的路，那里有草地和果树，但却通向地狱。帕蒂尼尔将这幅画变成了一种对观者的警示：应遵循正确的道路。

《卡戎穿越冥河》是佛兰德斯画家帕蒂尼尔最著名的作品之一，画上正在划船的人是冥界摆渡人卡戎，而坐在船上的是一个人类的灵魂，画面的右侧是地狱，左侧是天堂，他们正处在冥河之上的“十字路口”。帕蒂尼尔在这幅画中展现了自己描绘风景的出色能力，开创了16世纪和17世纪佛兰德斯风景画创作的先河。

帕蒂尼尔的《卡戎穿越冥河》以博斯对天堂和地狱的描绘为灵感来源，因此观众很容易联想到博斯的《人间乐园》。左侧一位天使站在河岸上，远处天使和灵魂在花园中漫步，这里代表着天堂。右侧则代表了地狱，但前景是一个迷惑灵魂的虚假的天堂，尽管天使已用手指出了应该去往的方向，但灵魂的脸和身体的朝向透露出他已经做出了选择。与博斯的画作不同的是，帕蒂尼尔对天使和恶魔的描绘减少了，以至于他们在背景中几乎难以察觉，而是风景占据了主导地位。

这幅画因其独特的构图而引人注目，与常规的画作不同。作者将空间垂直划分为三个区域，宽阔的冥河以及河流两侧的天堂和地狱，并且保持了佛兰德斯传统画作中的高地平线形式。

# 酒神的胜利

## 神话与现实的交融

**创作者：** 委拉斯开兹
**创作年代：** 1628 年 — 1629 年
**类型：** 布面油画
**尺寸：** 高 165 厘米；宽 225 厘米
**来源地：** 西班牙

这幅作品是委拉斯开兹绘制的第一幅神话主题作品，在此之前，他以静物画、宗教画和肖像画而闻名。创作这幅作品时，他已是西班牙国王腓力四世的宫廷画家，而国王有着丰富的艺术收藏。因此有学者推测，委拉斯开兹是在看过藏品后受到了这些艺术家的影响，也有人推测是受到鲁本斯的影响。因为鲁本斯在1628年至1629年期间恰好在马德里执行公务，也正是这次机会让他和委拉斯开兹结为好友。

《酒神的胜利》是1628年委拉斯开兹根据国王腓力四世的要求所绘制的关于酒神巴克斯的作品，这也是他第一次尝试描绘神话主题。由于这部作品充满了模糊性与不确定性，因此引发了后世研究者们对其深层含义进行大量猜测。

画面的左半部分将观者带入神话般的世界。在整幅画的构图中占据中心地位的人物就是酒神巴克斯，画家通过对他身体和衣物亮度的表现，将其在画面中凸显出来。而画面右边的乞丐和四个穿着深棕色斗篷、表情愉悦的男人构成了一个日常的、现实的、充满活力的世界。

近来有学者提出，该画表现的是“诗人的加冕”，因为酒不仅能够使人类振奋、而且还能激发诗歌的创作，许多历史资料都提到巴克斯是诗人的守护者，会为他的追随者戴上常春藤。也许这就是为什么巴克斯戴在年轻人头上的王冠不是像他自己所戴的那样用葡萄叶制成，而是用与诗人有关的常春藤所制成。

## 小提示

巴克斯是罗马神话中的酒神和农业之神，与希腊神话中的酒神狄俄尼索斯对应。传说中是他发明了酿酒技术，并游历世界向人们传授如何用葡萄酿造出美酒。酒神节正是人们为了纪念他而举行的狂欢派对。在艺术作品中，巴克斯通常都戴着葡萄藤。

《酒神巴克斯》 卡拉瓦乔

# 美惠三女神

画家的个人珍藏

**创作者：** 鲁本斯

**创作年代：** 1630 年 — 1635 年

**类型：** 木板油画

**尺寸：** 高 220.5 厘米；宽 182 厘米

**来源地：** 比利时

三位女神互相拥抱，形成一个圆圈，这种形式常在古代雕塑和文艺复兴时期的绘画中见到。脚的动态表明妇女们正在轻柔地跳舞。

背景向远处延伸，太阳的光线从树木中透出。人物是由多光源照亮的。鲁本斯并不追求现实，而是用光线使人物和风景充满活力。

《美惠三女神》是鲁本斯最具特色的作品之一。它是一幅融合了裸体美和寓言元素的神话题材画作，画家所描绘的人物表现出了蓬勃的生命力。这幅具有现实主义倾向的画作最初悬挂在鲁本斯自己的房子中，是艺术家的个人收藏，后来被西班牙国王腓力四世收购。

《美惠三女神》 拉斐尔

《美惠三女神》 布歇

美惠三女神——起源于古希腊，并在古希腊、古罗马和文艺复兴时期激发了众多诗人和画家的灵感。在《伊利亚特》和《奥德赛》两部史诗中，美惠三女神与爱神阿芙洛狄忒联系在一起，因此，美惠三女神又与爱、美丽、生育力和欲望联系在一起。鲁本斯是对美惠三女神最感兴趣的画家之一，在其多幅画作中都描绘了美惠三女神。

女神们身处丰富而繁盛的大自然中，画面的场景中充满了各种象征元素。在背景的左侧，出现了一些鹿，它们经常被用来指代纯洁。女神上方的玫瑰花环是春天的象征。并且自古以来玫瑰就与爱情以及掌管爱情的女神阿芙洛狄忒联系在一起。位于画面右侧的泉水是爱情之泉，鲁本斯和其他艺术家处理与欲望相关主题的作品时也常加入泉水。画中所有这些元素的存在表明，在这幅画中美惠三女神是与爱和生育相关的神。

《海伦娜·弗尔曼肖像》（局部）

这幅画是鲁本斯为自己所作，直至他去世后才被出售。左边的女人很像他的第二任妻子海伦娜·弗尔曼。而另外两个女神也看着她，似乎正在欢迎她。挂在树上的衣服有着鲁本斯生活时代服饰的特征，更添了几分现实生活的气息。显然，这幅画的灵感来自于他对年轻妻子的爱，这是一幅向妻子表达爱意与感激的作品。

## 小提示

鲁本斯是佛兰德斯巴洛克艺术的杰出代表人物。17世纪的欧洲画家中没有哪位画家能像鲁本斯这样将艺术才华、地位和经济上的成功融为一体。尽管他的艺术创作主要集中在油画上，但他也涉猎版画、挂毯、建筑、雕塑和装饰品等。同时他的作品题材也十分广泛，包括神话、宗教、历史主题，以及肖像画和风景画，其作品充满了感人的生命力，人文主义思想和世俗精神相融合，独特的艺术风格影响了整个欧洲。

鲁本斯

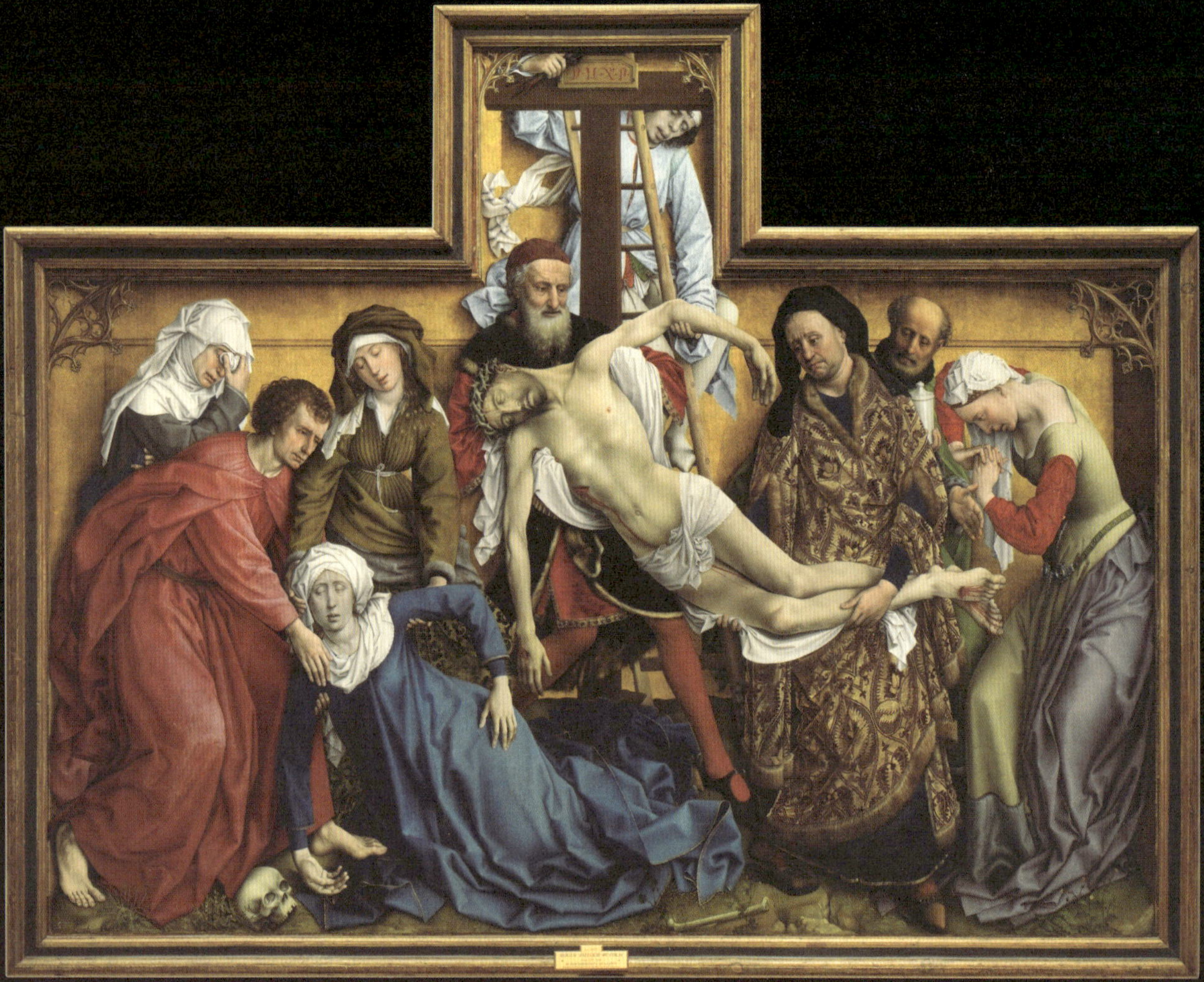

# 纺织女工

## 阿拉克涅的寓言

长期以来，观者普遍将这幅画视为描绘西班牙织造厂内纺织女工劳作场景的作品。画面前景生动地再现了纺布时的繁忙景象，而背景的挂毯则展示了贵妇欣赏挂毯的场景。然而，有一部分学者对此观点提出了质疑，认为这幅画背景所展现的应该是一则神话故事。这一观点在收藏家佩德罗·德·阿尔塞的资产清单中得到了有力支持，清单中明确指出该作名为《阿拉克涅的寓言》，且描述的尺寸与这幅画极为相近，从而证实了学者的假设与猜想。

**创作者：**委拉斯开兹

**创作年代：**1655 年— 1660 年

**类型：**布面油画

**尺寸：**高 220 厘米；宽 289 厘米

**来源地：**西班牙

阿拉克涅的故事出自古罗马诗人奥维德的《变形记》，讲述的是擅长纺织的少女阿拉克涅为了炫耀自己的技巧，向掌管手工业的女神帕拉斯发起挑战。在比赛中，阿拉克涅织出了帕拉斯之父朱庇特的风流秘事，帕拉斯看到后怒不可遏，并用梭子击打布匹将其粉碎，阿拉克涅因落败意欲自杀，后被帕拉斯救活但被变成了蜘蛛，余生只能不停地吐丝织网。

《纺织女工》是西班牙画家委拉斯开兹晚年创作的画作。画面表现了西班牙织造厂中纺织女工们劳作的场景，而后景中的壁毯上所表现的画面则是神话中女神帕拉斯与擅长纺织的人间少女阿拉克涅争论各自的挂毯技术的场景。关于这幅画的创作意图，研究者们提出了许多不同的观点。

《劫掠欧罗巴》（局部） 提香

在《纺织女工》一画背景的挂毯中，戴着头盔的女神帕拉斯正与阿拉克涅争论各自的挂毯技术。在阿拉克涅背后的布匹上，再现了意大利画家提香于1562年为腓力二世绘制的《劫掠欧罗巴》，表现的是朱庇特垂涎腓尼基公主欧罗巴的美貌，便化成为一头雪白的公牛，并装作温驯的样子接近欧罗巴将其劫掠的故事。

《劫掠欧罗巴》（局部） 鲁本斯

1628年—1629年鲁本斯在马德里时也临摹了一幅《劫掠欧罗巴》，现在就收藏在普拉多博物馆。从某种意义上来说委拉斯开兹的《纺织女工》这件作品中同时出现了他自己、提香和鲁本斯三个人的画作。

由于这件作品描绘了丰富的物品、人物和细节，吸引了众多学者对这幅画进行研究并从不同的角度进行阐释。这幅作品是委拉斯开兹最复杂的作品之一，标志着他的艺术达到新的高度。

# 降下十字架的基督

## ——一出震撼人心的戏剧

**创作者：** 罗吉尔·凡·德尔·维登
**创作年代：** 1443 年之前
**类型：** 木板油画
**尺寸：** 高 204.5 厘米；宽 261.5 厘米
**来源地：** 比利时

在当时，绘画流行模仿浮雕的效果，画家的这幅作品就是这一趋势的体现。画家在平面的木板上绘制了有凸起视觉效果的画框，又给背景画上了阴影，模仿光线投射到壁龛的效果。同时为了增强立体感，还在画面上部添加了哥特式窗饰，让作品看起来像在壁龛中，远观之下，这些人物就如同一组雕像。

《降下十字架的基督》是画家早期的代表作，也是北欧文艺复兴时期的宗教画杰作之一。这件作品最初是为教堂所作，是一幅宗教祭坛画。画作面积很大，人物接近真实大小，描绘了基督被信徒、弟子从十字架上放下来的过程，是常见的宗教画主题之一。画家描绘了10个人物，但每个人物的悲伤情绪都有不同程度的表现，让观者感受到强烈的戏剧效果。

此刻正在掩面哭泣的女士，是圣母玛利亚同父异母的妹妹——玛利亚·克利奥法斯。在她身边穿红衣的男士是基督的门徒。右侧女士也是圣母玛利亚同父异母的妹妹、圣约翰的母亲。

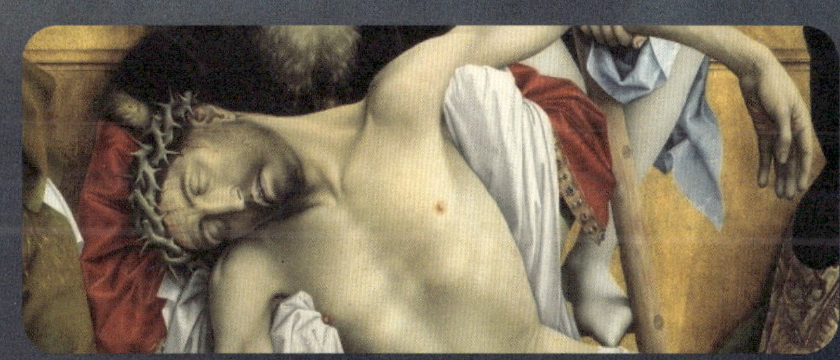

基督戴着刺入额头和耳朵的荆棘冠，赤裸着身体，身上还有受难后留下的血迹。而此刻已经因为悲痛而昏厥的人是圣母玛利亚，她和基督的姿势相同，代表着她与基督一同受难。

扶着基督的尼哥底母是法利赛人，也是犹太人的领袖。在他身后的仆人，手里正拿着从基督手中拔下的两根血迹斑斑的长钉。

托着基督双腿的人是亚利马太的约瑟，他是基督的门徒，穿着得体的金色外衣。

# 死亡的胜利

## 社会乱象的映射

**创作者：**

老彼得·勃鲁盖尔

**创作年代：**

1562 年—1563 年

**类型：** 木板油画

**尺寸：** 高 117 厘米；宽 162 厘米

**来源地：** 比利时

《人间乐园》（局部） 博斯

老彼得·勃鲁盖尔继承了博斯的艺术风格，被后世称为“新博斯”。在《死亡的胜利》这幅画中所展现的宏大的构图、对众多人物细节的刻画、丰富的场景以及道德说教的意图，都体现了博斯对其的影响。此外，老彼得·勃鲁盖尔给整个作品赋予了红棕色的色调，不仅赋予了场景地狱般的外观，也让人联想到博斯在《人间乐园》中对地狱的描绘。

《死亡的胜利》是尼德兰画家老彼得·勃鲁盖尔的经典之作，展示了人类在面对死亡时的无助。画面呈现出末日的景象，死神率领着他的军队摧毁了生者的世界。无论农民、贵族还是国王，所有人都难以逃脱死亡的命运。画作既暗含死亡面前人人平等的隐喻，也是对殖民者迫害尼德兰人的一种映射。

画中出现的每个形象都有其寓意。其中骷髅和镰刀代表死亡——死神拿着镰刀来收割人们的生命；兵器则象征着死亡的不可阻挡——贵族们拿起剑抵抗死亡的攻击，然而还是避免不了即将死去的命运；而死神手中的沙漏象征着时间——提醒着众人生命即将走到尽头。

## 小提示

《死亡的胜利》这一画作，受到中世纪“死亡之舞”和意大利绘画中“死亡的胜利”题材的影响。

死亡之舞是欧洲中世纪后期兴起的一种艺术题材，因黑死病的盛行而出现。这一题材常描绘人们受到召唤与死神共舞的场景，并常用骷髅来代表死神，寓意生命的脆弱以及人终将死亡的真理。

意大利比萨公墓《死亡的胜利》（局部）

文物小知识

# 对死亡的思考：
# 描绘瘟疫的艺术

人类文明的发展史，亦是人类和病毒相互抗争的历程。自石器时代起，人类逐步掌握了驯化野生动物、培育家畜的技术，这些动物丰富了人类的食物来源，但也悄然埋下了灾难的种子——瘟疫。随着城市的兴起与扩张，它们既为人类提供了居住空间，也为瘟疫的滋生提供了温床。艺术家们通过创作与瘟疫有关的作品，反映了在不同时期人们对于死亡的认知和思考。

## 作为警示

艺术史上描绘瘟疫的作品并不多，一方面是因为它们给人类带来的更多是悲痛的情感，另一方面病态的形象也被认为缺乏艺术美感。然而，瘟疫引发的关于人生的深刻反思及其对人类社会的深远影响，却使这些主题在艺术领域产生了深远的影响。一开始，由于医学和科技的不发达，人类对于瘟疫的了解与认知十分有限，人们将其视为一种神的警示，是神对于人们作恶的一种惩罚，是一种无法抗拒的力量。因此画中的死神往往大权在握，而人类则充满了绝望和无奈，"死神的胜利"题材的画作就属于这一时期的艺术作品。

描绘公民埋葬鼠疫受害者的绘画

## 记录历史

14世纪时爆发了人类历史上最具毁灭性的瘟疫之一——黑死病，此病因感染者的皮肤上会出现许多黑斑而得名，其主要传播途径是通过被感染的老鼠身上的跳蚤传播给人类。这次致命的瘟疫夺走了欧洲约2500万人的生命，相当于当时欧洲大陆三分之一的人口。黑死病也引发了人们对生命的反思和宗教信仰的动摇，从而加速了中世纪欧洲社会的重建和向现代欧洲的转变。当时的画家对于这场瘟疫的描绘，也为之后对黑死病的研究提供了材料。

## 寄托希望

17世纪，法国著名古典主义代表画家普桑在意大利瘟疫爆发的时期创作了《阿什杜德的瘟疫》。阿什杜德瘟疫也被称为"安东尼瘟疫"，发生在古罗马时期。由于罗马帝国的大肆扩张，瘟疫的传播范围持续扩大，爆发的频次也开始增多。公元165年，"安东尼瘟疫"爆发，当时罗马城每天都有数千人死亡，导致罗马帝国15%—30%的人口死亡，后世的科学家推断这次瘟疫可能是腺鼠疫或天花。在《阿什杜德的瘟疫》的前景中，普桑描绘了孩子趴在因瘟疫死去的母亲尸体上痛哭的场景，有艺术史学家提出，艺术家是希望通过这幅画唤起人们对瘟疫的警觉。

《阿什杜德的瘟疫》 普桑

## 科技与疾病

19世纪，医学技术正经历着飞速发展，表现医学与仁爱精神的艺术作品在19世纪末期颇为盛行。著名的艺术大师毕加索从小就受到来自医学界的影响，他的叔叔就是一名医生。1897年，也就是16岁那年，毕加索创作了《科学与仁爱》一画。当时他的家乡霍乱正在流行。画面左侧的医生以他的父亲为模特，而病床上的女孩则以毕加索在街头遇到的一个吉卜赛女孩为模特。这幅画体现了人们虽无法避免疾病和痛苦，但科技已经给人类带来了希望。

## 疾病中的创作

20世纪初，“一战”结束之后，欧洲爆发了一次大流感并席卷全球，全世界大约有5亿人感染，挪威画家爱德华·蒙克也没能逃脱。1919年，蒙克创作了以“西班牙流感”为题的自画像，表现了自己在疾病中的痛苦。画面中的他面容苍白，孤独无助，张大的嘴巴让人想起他的名作《呐喊》。有学者指出：“观众可能会对蒙克的遭遇产生一种深刻的认同感和同情心，这在某种程度上有助于缓解他们的痛苦。”

另一位在此次流感中感染并去世的奥地利画家埃贡·席勒在1914年左右创作了一幅似乎预示自己命运的自画像，在画作中他把自己画成圣塞巴斯蒂安的形象，而画中的箭就预示着死亡。在西方传统中，常用箭来比喻上帝的惩罚，而这幅画中，箭还有一重含义——人们对于席勒艺术的否定与质疑。

《科学与仁爱》 毕加索

《西班牙流感》 爱德华·蒙克

《作为圣塞巴斯蒂安的自画像》 埃贡·席勒

# 味觉、听觉和触觉（复制品）

**创作者：** 老扬·勃鲁盖尔等（原作）
**创作年代：** 约 1620 年（原作）
**类型：** 布面油画
**尺寸：** 高 176 厘米；宽 264 厘米
**来源地：** 比利时

画中的一些物品充满了寓意，例如钢琴和提琴象征听觉，左下角正扯着丘比特头发的猴子象征触觉。

《味觉、听觉和触觉》和另一幅《视觉和嗅觉》共同构成了一组“五感系列”画作，展现了17世纪众多器物的样式。原作已经在1731年的火灾中丢失，目前所存的这两件作品是其复制品。

画面中心的三个女人分别代表三种感官，弹琴的女人代表听觉、抚摸着貂的女人代表触觉，而右边正准备吃牡蛎的女人代表味觉。

《视觉和嗅觉》 老扬·勃鲁盖尔等

这组画由老扬·勃鲁盖尔和当时安特卫普的12位杰出艺术家所画，是市议会献给当时的统治者阿尔伯特七世和伊莎贝拉的“五感系列”画作。这组画中的另一幅画是《视觉与嗅觉》。两件作品中都出现了大量画作的展示，这是为了展示佛兰德斯画派过去的辉煌。

**小提示**

五感画是在中世纪时发展起来的一种绘画题材，画家们在画中运用符号来表示人类的五种感官，这五种感官指的是视觉、听觉、嗅觉、味觉和触觉。

绘有五感题材的橱柜　大都会艺术博物馆藏

文物小知识

# 感官之旅：
# 图像修辞术的发展与扩充

五感画最早出现在一枚9世纪的胸针上，用男人的动作来表现5种感官。14世纪的湿壁画则用5种动物：蜘蛛、鹰、猴子、鸡和猪来代表五感。到16世纪，女性形象开始作为五感的人格化显现。而17世纪，老扬·勃鲁盖尔和鲁本斯合作的五感系列画作，则让五感画具备了更为丰富的元素，人、动物、各种物品都有其相关的寓意，同时这些物品涉及艺术、科学、文化、战争等领域，将感官体验展现得淋漓尽致。

《视觉的寓言》 老扬·勃鲁盖尔和鲁本斯

## 视觉的寓言

在前景中，女神正观察着丘比特拿着的一幅画。在他们的周围是各种艺术品，包括绘画、雕塑、挂毯和金属制品等。背景中的宫殿是阿尔伯特大公夫妇的住所。这幅画中出现的“画中画”很多都已被辨认出来，其中就有鲁本斯的《猎虎》和《花环圣母》，此外还包括文艺复兴大师拉斐尔、米开朗琪罗、提香的作品。而这幅画的赞助人——大公和大公夫人也以“画中画”的形式出现在了画面左侧的肖像画中。

## 听觉的寓言

《听觉的寓言》中位于前景中心的女神在拿着一本乐谱的小天使身旁演奏着乐器。他们的右侧是各种能发出声音的机械物品，比如钟表、猎枪等。与此同时，周围分布着各种乐器，几乎涵盖了当时已有的所有乐器：大键琴、小号、长号、短号、长笛、中提琴、琵琶、鼓等。动物也有着同样的象征：它们是听觉敏锐的驯鹿和能模仿人说话的鹦鹉。

《听觉的寓言》 老扬·勃鲁盖尔和鲁本斯

## 味觉的寓言

《味觉的寓言》中，画面中心的少女正享用着食物，从服饰的笔触可以看出是鲁本斯的杰作。整个前景被大量的猎物所占据，包括各种鸟类、野兔、鱼等。这一作品在表现盛宴的同时，也表现了狩猎这一主题，而狩猎正是贵族和皇室最常见的娱乐活动之一。

## 嗅觉的寓言

这幅画的场景是在室外，近景中的女神坐在地上，身旁的小天使向她献上花束。艺术家将人物置于一个梦幻的花园中，周围各种花草、树木和动物都处于一种平静祥和的氛围之中，向我们展示了一个永恒的花园。描绘花卉是老扬·勃鲁盖尔的专长之一，他曾以这一题材创作了许多作品。除了花朵，还有象征气味的香水。

## 触觉的寓言

《触觉的寓言》的场景很可能表现的是火神的石窟。远处正在锻造厂中工作的工人可以佐证这一猜想。场景中有大量的武器、头盔、铠甲等，它们除了和触觉有关，还与战争有关。画面的右侧，鲁本斯所描绘的维纳斯和丘比特正紧紧拥抱着，他们和周围的冷色调形成了鲜明对比。

《味觉的寓言》 老扬·勃鲁盖尔和鲁本斯

《嗅觉的寓言》 老扬·勃鲁盖尔和鲁本斯

《触觉的寓言》 老扬·勃鲁盖尔和鲁本斯

# 布列达的投降 构图巧妙的历史画

**创作者：** 委拉斯开兹

**创作年代：** 约 1635 年

**类型：** 布面油画

**尺寸：** 高 307.3 厘米；宽 371.5 厘米

**来源地：** 西班牙

《布列达的投降》是委拉斯开兹著名的历史题材画作，约1635年为丽池宫的万国大厅所绘制，目的是歌颂腓力四世的胜利。表现了“三十年战争”时期，西班牙军队对荷兰城市布列达进行围困并迫使对方投降时的场景。

文艺复兴时期表现投降题材的绘画通常有既定的形式，胜者通常出现在马背上。然而在《布列达的投降》一画中，委拉斯开兹将画面聚焦在双方统帅交接钥匙的一瞬，也把观者的注意力集中在这一瞬间的特写上。西班牙统帅斯皮诺拉下马以示尊重，荷兰指挥官身体前倾并交出钥匙，斯皮诺拉将一只手放在他的肩膀上，表现得相当友善，这样表现是为了凸显西班牙军队宽宏大量的精神。

双方的士兵分布在画面的两侧。画面右侧的西班牙军队一侧布满了长矛，且整齐划一，暗示了西班牙军队的不可战胜。而左侧的荷兰军队的武器则显得稀少、凌乱，二者形成鲜明的对比。画家运用巧妙的构图，营造出西班牙人马众多的气势，解决了历史画如何表现大场面的问题，对后世画作产生了深远影响。

尽管画家在描述前景的画面时，营造出一种友好、和平的氛围，但他也并未忽视战争的残酷。背景中硝烟弥漫的场面提醒着观者这是一幅关于破坏、战争和死亡的画作。

**小提示**

布列达这座城市具有重要的战略性，它是通往荷兰的门户。1624年8月，西班牙军队在其统帅斯皮诺拉的指挥下，对这座城市进行了长时间的围困，最终荷兰驻军投降。

布列达

# 野味、蔬菜和水果静物

充满神秘感的静物画

创作者：
胡安·桑切斯·科坦
创作年代：1602 年
类型：布面油画
尺寸：高 68 厘米；
宽 88.2 厘米
来源地：西班牙

画面下方的正中心写有画家本人的签名以及时间，这件作品是西班牙第一幅带有创作时间和签名的静物画。

《野味、蔬菜和水果静物》是胡安·桑切斯·科坦的静物画杰作之一，画面上描绘了摆放在窗边的柠檬、苹果、胡萝卜、鹧鸪、刺菜蓟等蔬果和野味，给人以强烈的真实感。黑色的背景和窗户所构成的“舞台”又给画面增添了戏剧性与神秘感。

胡安·桑切斯·科坦习惯以窗户作为其静物画的场景，并对其描绘的静物进行精心布局。这一场景就像一个“舞台”，产生了一种真实的三维效果。画家选择的静物都是不易腐烂的物品，也因此他有足够的时间在绘画过程中对其进行细致的观察。画面中的物品被悬挂起来很可能是当时防腐的一种方式。

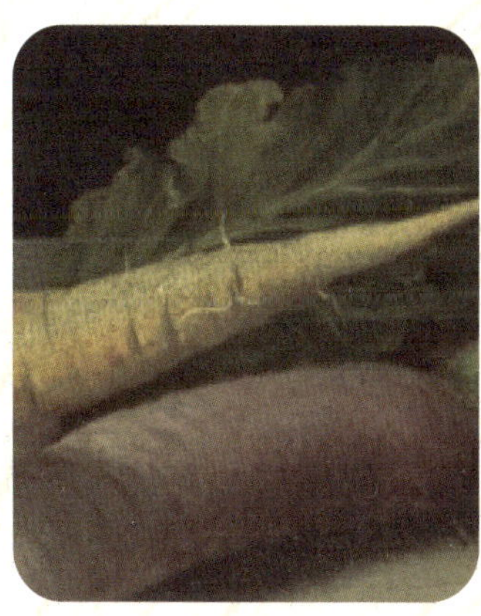

画家对于自然的极致刻画让这幅画产生了对观众的“视觉欺骗”，让观众觉得眼前呈现的就是真实的事物。胡安·桑切斯·科坦准确地表现出了静物的颜色、形状和比例，甚至连蔬菜细小的根须还有苹果上的凹坑都不遗余力地画了出来，让观者无不赞叹其细致入微的高超技法。

文物小知识

# 西班牙伟大的静物画画家：胡安·桑切斯·科坦

胡安·桑切斯·科坦是西班牙现实主义艺术的先驱，师从当时著名的静物画家布拉斯·德·普拉多，并青出于蓝而胜于蓝，开创了具有西班牙特色的静物画。事实上，画家早期也曾创作过肖像画和宗教题材的画作，但让他在艺术史中拥有一席之地的还是他独具特色的静物画。

《刺菜蓟与鹧鸪》 胡安·桑切斯·科坦

《刺菜蓟与胡萝卜》 胡安·桑切斯·科坦

《木梨、卷心菜、甜瓜和黄瓜》 胡安·桑切斯·科坦

## 静物画代表作

胡安·桑切斯·科坦的静物画多为其经典的“橱窗式”布景：用各种食材布满空间，再加以黑色的背景，让前景中的静物凸显出来，犹如近在眼前。同时，画家对每个对象的描绘都十分写实和准确，各类细节都展露无遗，表现出其非凡的观察力。

画家最喜欢的图案是刺菜蓟，这是当时常见的一种食物，胡安·桑切斯·科坦的多幅静物画中都出现了这种蔬菜。在画面中，刺菜蓟被描绘成弯曲的状态，形成一道优美的弧线，以对比窗户边缘的形状。

# 18 世纪及之前的西方静物画经典之作

在西方艺术史上，静物画一直是一个重要的题材。18世纪及之前的静物画画家通过精湛的绘画技巧和细致的观察力，描绘日常生活中的物品，展现了艺术家对形式、光影和质感的掌握。从古希腊时期到文艺复兴时期，再到荷兰黄金时代，每一时期的作品都承载着艺术家独特的视角和审美的追求，为观者呈现了一幅幅富有生命力和感染力的画面。

庞贝壁画《玻璃碗水果和花瓶》

《水果篮》 卡拉瓦乔

## 古希腊、古罗马

静物画是指以静止的物体作为题材的绘画。在古埃及的墓室，古希腊及古罗马的壁画上都发现有静物画。但是在欧洲历史上，静物很长一段时间只是作为宗教画和肖像画背景中的点缀，直到16世纪才逐渐成为独立的画种。静物画最初是在意大利、荷兰等地开始流行，描绘对象以花卉、器皿和食物居多。

## 文艺复兴时期

17世纪最具革命性的意大利艺术家——卡拉瓦乔曾创作了静物画《水果篮》，胡安·桑切斯·科坦很可能就受到了卡拉瓦乔的影响。这幅画真实地描绘出了各种水果及其枝叶的状态，或是新鲜水灵的，或是枯萎虫蛀的。篮子的一端突出在台面外，给人以强烈的立体感和真实感，展现出一种生动的自然主义风格。

《花卉》 雷切尔·雷斯科

## 荷兰与法国的静物画

荷兰的静物画继承了尼德兰的绘画传统，多以生活中的食物、用品、花卉为题材，代表画家有雷切尔·雷斯科和彼得·克拉斯·贝耶林等人。荷兰的静物画通常会有不同季节的花卉同时开放，体现了荷兰人对于美好生活的追求与向往。

18世纪法国的静物画画家以夏尔丹为代表，尽管夏尔丹身处崇尚华丽的路易十五时代，但他的目光却聚焦在了生活中常常容易被人忽视的朴素的物品上，例如厨房用具、水果、面包等十分普通的物件，形成了自己独特的艺术风格。

# 然而他们仍然抱怨鱼太贵

## 底层人民的真实写照

**创作者：** 华金 · 索罗拉 · 巴斯蒂达

**创作年代：** 1894 年

**类型：** 布面油画

**尺寸：** 高 151.5 厘米；宽 204 厘米

**来源地：** 西班牙

被后世称为“阳光画家”的华金 · 索罗拉 · 巴斯蒂达具备优秀的光线处理能力，这也成为他独具特色的绘画语言。画面中，光线透过船的舱口，照亮了船舱里的人和存放在船内的物品。画家对光线的巧妙运用使得画面变得平静、庄严，表现出动人心魄的力量。

《然而他们仍然抱怨鱼太贵》是华金·索罗拉·巴斯蒂达创作的以社会现实为题材的作品，也是他早期表现渔夫和海滩主题的代表作之一。作品展现了在一艘渔船的船舱里，两个老渔夫给遭遇事故的年轻渔夫处理伤口的场景，表现了社会底层人民生活的艰辛。凭借这幅画作，画家在1895年的全国展览会上获得了一等奖章。

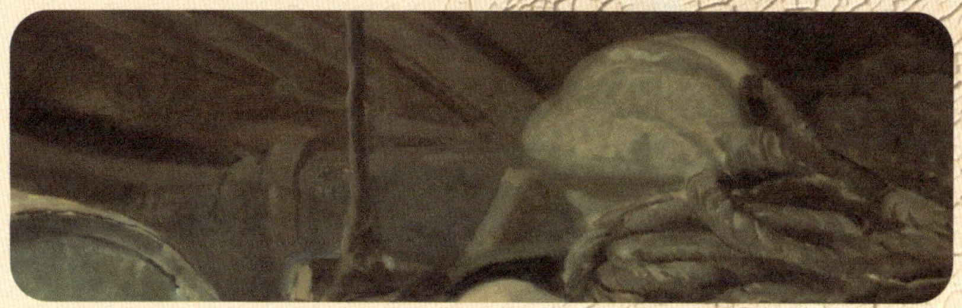

画家采用了十分大胆的构图，将视角只集中到船舱内的一侧，以此来强调事件发生时的环境以及事件的主角。尽管画家并没有描绘海洋、海滩或是捕鱼的场景，但环境周围各种捕鱼所用的工具，以及背景中的一堆捕获的鱼，都在提示观者画中人物的身份和所遭遇的事件。

画面中男孩赤裸着上半身，脖子上还系了一个挂件，那是当时的渔民们祈祷平安的护身符。在他的身旁，两位年长的渔夫正在为他处理伤口，神情严肃而专注，其中一个托住他的肩膀，而另一个则用布压着年轻水手的伤口。老渔夫们在照顾脆弱又无助的男孩时表现得沉稳而刚毅，画面充满温情而又肃穆的气氛。

华金·索罗拉·巴斯蒂达

**小提示**

西班牙画家华金·索罗拉·巴斯蒂达是20世纪初最伟大的现实主义画家之一，被誉为“现代西班牙绘画流派的领导者之一”。他曾移居法国，在那里他受到印象派的影响，开始注重对光的表现。他的作品中既有现实主义的朴实，又有印象派的光感。

文物小知识

# 现实主义艺术：对现实世界的深刻批判

现实主义是艺术史上的一个重要流派，始于19世纪的法国。其对现实世界的深刻洞察和批判，不仅影响了艺术史的进程，也对社会文化产生了重要影响。它为我们提供了一种观看和理解世界的窗口，通过对现实世界的细致描绘，让我们认识到生活的复杂性和多样性。现实主义艺术常常具有批判性，它揭示了社会中的问题和不足之处，鼓励人们对现实进行反思和改进。

## 现实主义的起源

现实主义是19世纪中叶从法国发展起来的一场艺术运动，目的是反对法国学院派艺术的刻板，其主要代表画家是古斯塔夫·库尔贝，他在1855年的一场展览上展出了《画家的工作室》一画，被认为是“现实主义的宣言”。现实主义艺术家反对学院派古典艺术的理想化风格，也反对浪漫主义的异国情调。他们画自己眼中所见的现实，从日常生活中选取平凡的主题。

《画家的工作室》 古斯塔夫·库尔贝

## 世纪之交的西班牙

画家索罗拉所处的时代正是19世纪、20世纪之交，此时的西班牙已不再是海上霸主，并且随着殖民地解放运动的兴起，西班牙也失去了大部分的美洲殖民地。1898年美西战争的落败，标志着西班牙的衰落。这些变化也激发了西班牙现实主义艺术家对于现实生活的关注和思考。

## 索罗拉和同时期的西班牙现实主义画家们

爱德华多·罗萨莱斯是19世纪西班牙重要的艺术家，他的作品倾向于更具现实性的自然主义风格，他的杰作《伊莎贝拉·拉·卡托利卡口述她的遗嘱》获得了巨大成功。这幅历时一年半的画作是他的第一幅大型画作，也是他最著名的作品，画作中对每一个人物的内心情感都表现得十分精准。该作在随后的巴黎世界博览会上获得了认可，画家也因此收到了大量的肖像画委托。

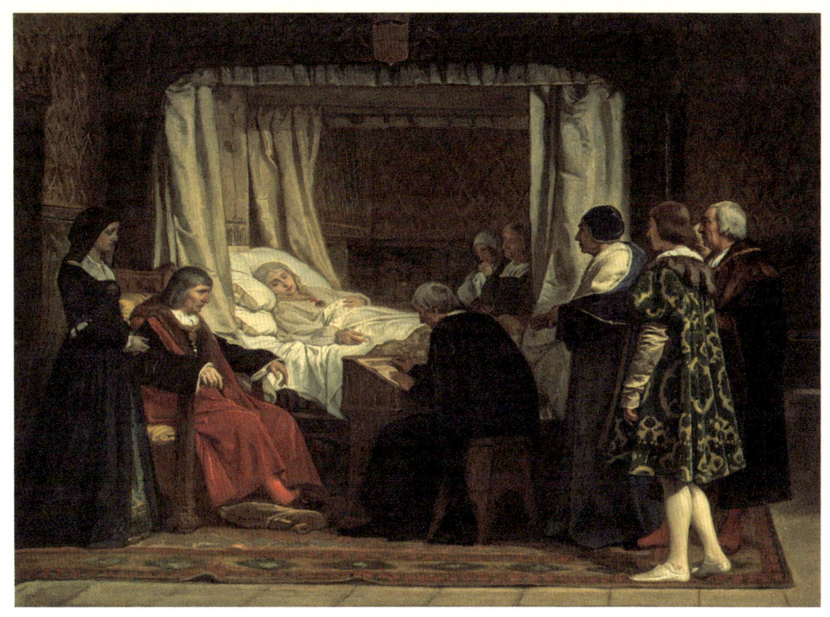

《伊莎贝拉·拉·卡托利卡口述她的遗嘱》 爱德华多·罗萨莱斯

《托莱多的一条街道》 卡洛斯·德·黑斯

《日落》 卡洛斯·德·黑斯

卡洛斯·德·黑斯是著名的西班牙现实主义风景画家，他常常去马德里周边地区写生，这为他提供了更为广阔的视野。担任教授之后，他也鼓励学生到乡村去研究自然景观。在19世纪60年代至70年代，他游历了西班牙许多地方，并创作了许多优秀的风景画作品。

《另一个玛格丽特》 华金·索罗拉·巴斯蒂达

西班牙19世纪的现实主义艺术在华金·索罗拉·巴斯蒂达这里达到一个高峰。他在1889年和家人定居马德里，在那里他开始在户外作画，描绘了众多以水手和渔民为主题的富有地方色彩的画作。同时也创作了一批社会现实主义画作，其中以《然而他们仍然抱怨鱼太贵》《另一个玛格丽特》为代表，后者是根据他在马德里和巴伦西亚之间的三等火车车厢上目睹的一次事件而创作，当时两名警察守着一名已经被抓捕的女犯人。玛格丽特（Margarita）这个名字在当时巴伦西亚语中意为妓女。画作体现出艺术家深刻的道德反思。

# 比斯开省工人罢工 深刻反映社会问题的作品

**创作者：** 维森特 · 库坦达
**创作年代：** 1892 年
**类型：** 布面油画
**尺寸：** 高 275 厘米；宽 550 厘米
**来源地：** 西班牙

《比斯开省工人罢工》反映了19世纪末工业化进程中西班牙工人的困境与抗争。在这一时期，比斯开省因其钢铁产业而成为工业中心，但工人却面对着苛刻的劳动条件，因此引发了一系列争取权益的社会运动。画作生动地描绘了这一事件。

《比斯开省工人罢工》是一幅富有深意的社会现实主义作品。这幅画作通过其精致的细节描绘，生动地反映了当时社会中劳动人民面临的艰难情况，代表了当时欧洲美术界关注社会问题、探讨人类共同命运的潮流。

社会现实主义作品通常采用相对沉重和朴实的色彩来反映现实生活的质朴和艰辛。库坦达在画面中使用了灰色和深蓝色等，来表现工人们面临的艰难处境和沉重的氛围。这样的色彩有助于突出工人的坚定和团结，同时也反映了工业化背景下普通人的生活状态。

画作在构图上将工人们紧密地聚集在一起，表现他们的团结与坚定。

背景则尽可能地简约含蓄，仅以几笔勾勒出工业化的元素，如烟囱、工厂建筑等。

## 小提示

维森特·库坦达（1850年—1925年），西班牙画家，以社会现实主义风格描绘历史场景与劳动人民生活而著称。他初学建筑后转学绘画，深受爱德华多·罗萨莱斯影响。在托莱多和比斯开生活期间，他的作品转向社会现实主义，代表作《比斯开省工人罢工》更赢得国家美展一等奖。晚年，他在托莱多从事教育工作，并为多家杂志提供插图。

《在救世主的脚下，托莱多对犹太人的屠杀》

# 西班牙其他博物馆名录（节选）

索菲娅王后国家艺术中心博物馆

提森-博内米萨博物馆

西班牙国立考古博物馆

马德里索罗亚博物馆

加泰罗尼亚国家艺术博物馆

巴塞罗那毕加索博物馆

国家陶瓷和装饰艺术博物馆

瓦伦西亚现代艺术学院

毕尔巴鄂古根海姆博物馆

达利戏剧博物馆

瓦伦西亚艺术科学城

阿尔塔米拉国立博物馆及研究中心

古罗马艺术国家博物馆

国家雕塑博物馆

国家水下考古博物馆

# 自画像

**图书在版编目（CIP）数据**

世界博物馆全书．第一辑．普拉多博物馆 / 红糖美学著．-- 武汉：华中科技大学出版社，2024．11．（世界瑰宝系列）．-- ISBN 978-7-5772-1165-7

Ⅰ. G269.1

中国国家版本馆CIP数据核字第2024CE6027号

**世界博物馆全书．第一辑　普拉多博物馆**　　红糖美学 著

Shijie Bowuguan Quanshu Di-yi Ji Puladuo Bowuguan

出版发行：华中科技大学出版社（中国·武汉）　　电话：（027）81321913

华中科技大学出版社有限责任公司艺术分公司　　（010）67326910-6023

出 版 人：阮海洪

责任编辑：张　颖　刘昊威　杨志新　　封面设计：JOJO

责任监印：赵　月　张　丽

制　　作：王玉平

印　　刷：北京兰星球彩色印刷有限公司

开　　本：889mm × 1194mm　1/16

印　　张：60

字　　数：550千字

版　　次：2024年11月第1版第1次印刷

定　　价：998.00元（全10册）